# Die universelle Antwort

## Kleine Philosophie, von der (Un-) Vollkommenheit des Seins!

Dieses Buch ist meinem verstorbenen Onkel,
Günther Pellnat gewidmet, der mit mir, so oft es
seine und meine Zeit erlaubte, mit mir über die
nachfolgenden Themen diskutierte.

In ewiger Dankbarkeit


Michael

(Khun Miken)

# Die universelle Antwort

## oder

## Kleine Philosophie, von der (Un-) Vollkommenheit des Seins!

von

Michael Ritter

(Khun Miken)

Printed in Germany

Bibliografische Information der Deutschen Nationalbibliothek:

Die Deutsche Nationalbibliothek verzeichnet diese Publikation in der Deutschen Nationalbibliografie; detaillierte bibliografische Daten sind im Internet über http://dnb.dnb.de abrufbar.

© 2013 Name des Autors: Michael Ritter

Herstellung und Verlag: BoD – Books on Demand,

Norderstedt

ISBN: 978-3-7322-5012-7

# Inhaltsverzeichnis:

# Vorwort

Ich bin zwar kein Philosoph und möchte auch gar keiner sein, trotzdem verwende ich das Wort Philosophie in meinem Untertitel, weil ich mich wie die meisten Menschen, damit beschäftige, herauszufinden:

Woher kommen wir?
Was sollen wir?
Wohin gehen wir?
Worin liegt der Sinn?

Die Fragen sind ja nicht ganz unberechtigt, denn immerhin kommen wir aus einem scheinbaren Nichts auf eine wunderschöne, runde Kugel, ausgestattet mit allem, was man zum Leben so braucht und eigentlich könnte man auch sagen, auf ein Paradies.
Wenn sich die Menschen untereinander nun auch noch etwas einiger wären, dann kann man sagen, dass dieses irdische Paradies sogar perfekt ist.

Das fatale an der Geschichte ist und das scheint eine Gesetzmäßigkeit zu sein, glaubt man, die Antwort auf eine Frage gefunden zu haben, tun sich sofort wieder drei weitere, neue Fragen auf, zum Beispiel:

Worin liegt der Sinn?
Was steckt dahinter?
Wer steuert das?

Was ist meine Rolle dabei?
Warum gerade hier?

Das ist letztendlich fatal, denn je mehr Antworten wir bekommen, um so mehr Fragen tun sich am anderen Ende auf.. Zum Schluss geht die Zahl der Fragen gegen Unendlich und wenn man nun das Prinzip der 4. Dimension verstanden hat (und mehr davon können wir wahrscheinlich gar nicht verstehen, weil sie eben über unseren, bei aller Intelligenz doch sehr bescheidenen Verstand geht ), dann werden wir feststellen, dass im gleichen Masse die Anzahl der Antworten wieder gegen Null geht.

Genau aus diesem Grund, haben sich schon schlauere Köpfe wie ich den Kopf zerbrochen, darunter auch echte Philosophen, aber unter dem Strich gesehen, eine befriedigende Antwort gibt es zwischen selten und gar nicht.

So bleiben uns am Ende wieder drei Möglichkeiten:

1. Wir beschäftigen uns einfach nicht mit dem Thema und leben weiter unbeschwert in den Tag hinein.
Das Ganze ist insofern praktisch, da man sich keine weiteren Gedanken machen muss, man lebt einfach sinn- und ziellos in den Tag hinein irgend einem endgültigen Ende entgegen.

2. Wir suchen uns einen Guru, eine Religion oder auch Philosophie, der wir blind folgen, denn es

verbirgt sich hier die für uns scheinbar allein selig machende Antwort, auf all die dringenden Fragen des Seins. Und das Schönste an der Geschichte dabei ist, wir müssen nicht einmal darüber nachdenken, denn alle Antworten werden uns fix und fertig geliefert, sozusagen vorgekaut, teilweise perfekt oder auch dämagogisch aufbereitet, auf jeden Fall so, dass man selbst nicht darüber nachdenken muss. Das trifft auf die meisten Religionen und noch mehr auf die Sekten zu- Gerade letztere lassen für persönliche Gedankenspiele keinerlei Freiraum und legen ihren Anhängern zahlreiche Zwänge auf.

3. Diese Variante birgt scheinbar die meisten Schwierigkeiten, denn wir müssen dazu unseren eigenen Verstand einsetzen.
Aber sie hat auch das meiste Potential, denn aus irgendeinem, triftigen Grund, unterscheiden wir uns von allen anderen Lebewesen auf diesem Planeten in einem wesentlichen Punkt, denn wir haben einen Verstand, der es uns ermöglicht, über die Dinge nachzudenken, sie zu begreifen, letztendlich sie zu verstehen und zu lernen.
Wenn wir nun diesen, unseren ureigenen Verstand benutzen, haben wir die Chance, wenigstens ein klein wenig Licht in das Dunkel zu bringen.

Dabei ist dieses Buch nun wirklich so geschrieben, dass es für so ziemlich jede Religion und jede Weltanschauung passt, denn welche Religion oder welchen Glauben wir haben, ist letztendlich vollkommen egal. Wichtig ist, dass wir Glauben und eine höhere Macht oder vielleicht auch nur ein Prinzip anerkennen, das über uns steht und letztendlich unser Leben leitet.

Ich will damit auch Niemanden auf den Schlips treten, keine Religion diffamieren oder herabsetzen. Vielmehr möchte ich beweisen, dass jede Religion ihren Wert hat, denn noch kein lebender Mensch hat Gott gesehen und wird ihn auch nicht sehen können, weil das zu seinem Verderben führen würde, was man auch im Alten Testament im Buch Exodus beim brennenden Dornbusch ganz klar ersichtlich wird.

**5** Da sprach er: Tritt nicht näher heran! Ziehe deine Schuhe aus von deinen Füßen; denn der Ort, wo du stehst, ist heiliges Land! **6** Und er sprach: Ich bin der Gott deines Vaters, der Gott Abrahams, der Gott Isaaks und der Gott Jakobs! Da verbarg Mose sein Angesicht; denn er fürchtete sich, Gott anzuschauen.
(Altes Testament, 2. Buch Moses Exodus, Kapitel 3)

Angeregt zu diesem Buch, wurde ich von einem Großonkel, der leider vor kurzem im hohen Alter von 97 Jahren verstarb. Er war Heilpraktiker und in diesem Metier fand er seine Erfüllung, denn es verschaffte ihm Einblicke in und die Abläufe des Lebens. Durch diesen Beruf kannte er wahrscheinlich auch jeden Trick, ein derart biblisches Alter bei relativ guter Gesundheit zu erreichen.

Zusätzlich beschäftigte er sich sehr ausführlich mit den verschiedenen Religionen und Weltanschauungen, bei denen der Buddhismus schon sehr bald eine zentrale Rolle einnahm.

Da ich selbst in Thailand wohne, meine Frau eine sehr gläubige Buddhistin ist und ich durch viele Gespräche mit meinem Freund Prayad , dem Buddha von Khao Tao, mit dem Buddhismus sehr stark in Berührung kam, ergaben sich sehr interessante und fruchtbare Diskussionen mit meinem Onkel.

Natürlich waren wir nicht immer einer Meinung, das liegt in der Natur von uns Menschen, das haben Diskussionen so an sich und dort wo wir sehr weit auseinander lagen, werde ich hier die von mir vertretene Meinung darlegen, weil es ja immerhin mein Buch ist.

Außerdem studierte er die verschiedenen Philosophen, kam aber immer mehr zu der Erkenntnis, dass ihnen in ihrer unendlichen Eitelkeit eines fehlte:

Der Glaube an eine übergeordnete Macht, die irgendwie alle Fäden in der Hand hält, uns aber dennoch an der ganz langen Leine lässt und sich so gut wie nicht einmischt.

Vieles in Religion und Philosophie ist lediglich Interpretation, meist auch noch sehr persönlich angehaucht und dies ist der Versuch, die Dinge auf einen Nenner zu bringen, die eigentlich auch auf einen einzigen Nenner gehören.

In der Hoffnung, Ihnen mit diesen Ausführungen ein wenig praktische Lebensphilosophie im Namen meines Onkels Günther geben zu können,


Ihr Autor

Khun Miken
Michael Ritter

# Der Glaube an Gott

Zunächst sollten wir einmal feststellen, dass wir, der Homo sapiens, nicht die ersten Menschen auf der Erde sind.

Bereits vor uns bevölkerten mehrfach Menschen verschiedenster Rassen diesen paradiesischen Planeten.

Die Archäologie belegt, es gab viele Entwicklungen auf dem Weg zu uns, nicht nur den Homo erectus, dem Chrom Magnon Menschen oder den Neandertaler, es waren viele, ja sehr viele mehr und von den meisten von Ihnen wissen wir wahrscheinlich noch gar nichts.

Es gibt Funde, die belegen, dass es vor mehreren hundert Millionen Jahren, bereits schon einmal eine menschliche Zivilisation auf der Erde gegeben haben könnte.

Laut einer Archivmeldung vom Januar diesen Jahres (2013), hat ein Bewohner von Wladiwostok ein Metallteil in einem Stück Holzkohle entdeckt und übergab es Wissenschaftlern aus der Region Primorje zur Untersuchung. Wie "Voice of Russia" berichtet, seien führende Experten der Meinung, dass es sich bei diesem Metallteil um ein ungefähr 300 Millionen Jahre altes Objekt handelt, das nicht die Natur hervorgebracht habe, sondern von "irgendjemandem" hergestellt wurde.

(Archivmeldung Extrem News vom 23.01.2013)

Das Metallteil, wahrscheinlich Teil eines Zahnrades meinen die Experten, , besteht zu 98% aus Aluminium und zu 2% aus Magnesium.

Wer war da wohl am Werk?
Menschen gab ja laut der offiziellen Versionen zu dieser Zeit noch nicht, noch nicht einmal eine Vorstufe, da ja der Homo sapiens maximal 120.000 Jahre in unserer Zeitrechnung alt ist.
Zum Zeitpunkt seines Erscheinens auf der Bildfläche dieses Planeten, fing er erst einmal bei Null an und entwickelte sich vom einfachen Steinzeitmenschen in einer Jahrtausende dauernden Entwicklung zu dem, was der Mensch heute ist.
Vor allem beherrschte er sicherlich noch nicht die Aluminiumverarbeitung und Aluminiumgewinnung. Es ist ein sehr energieintensiver Prozess, aus Bauxit Aluminium zu gewinnen und meines Wissens nach ist die Entdeckung gerade mal knapp zweihundert Jahre alt. Hans Christian Ørsted gelang die Herstellung von Aluminium, erstmalig im Jahr 1825. Der erste Hinweis von Aluminium in unserer Zeit stammt aus dem Jahre 1808 von Sir Humphry Davy, der ein Element als Aluminium beschrieb, sich jedoch vergeblich an seiner Herstellung versuchte.

Im gleichen Artikel der Extreme News vom 23. Januar steht noch folgendes zu lesen (Originaltext).

**So wurde die erste Entdeckung dieser Art im Jahr 1851 von Arbeitern einer Mine in Massachusetts gemacht, als sie eine Zink-Silber Vase aus einer unberührten 500 Millionen Jahre alten Kohleschicht bargen. 61 Jahre später sollen amerikanische Wissenschaftler aus**

Oklahoma ein Eisengefäß gefunden haben, welches in ein 312 Millionen Jahre altes Kohlestück gepresst war. Dann soll in 1974 in einem Sandstein Steinbruch in Rumänien ein Aluminiumbauteil unbekannter Herkunft gefunden worden sein. Es könnte sich um ein Teil eines Hammers gehandelt haben, der in die Jura-Epoche (200-150 Millionen Jahre alt) datiert wurde und somit nach heutig geltendem Geschichtsverständnis nicht vom Menschen hergestellt worden sein kann.

Schon sehr erstaunlich und verblüffend und diese Nachrichten werden so gut es geht geheim gehalten.

Aber im Endeffekt ist dies alles ziemlich belanglos. Es ist auch egal, wie viele Versuche nötig waren, ein Wesen zu kreieren, mit einem eigenem Verstand, einem eigenem Willen und vor allem, einem eigenen Bewusstsein.
Interessant finde ich in diesem Zusammenhang, dass der Vorgang anscheinend duplizierbar ist und sich die Menschen dieser Entwicklungen allesamt sehr ähnlich sehen.
Sehen sie heute ein Skelett von einem Neandertaler oder einem Chrom Magnon Menschen oder aber von einem Homo sapiens, sie als Laie könnten es so gut wie nicht unterscheiden.

Anscheinend verlangt Bewusstsein und Intelligenz eine ganz bestimmte Körperform. Diese Erkenntnis wird dann noch interessanter, wenn man an außerirdische Lebensformen denkt, die wir vielleicht in ferner Zukunft einmal kennenlernen, sie werden uns nicht besonders unähnlich sein, möglicherweise können wir sie gar nicht als solche erkennen.

Zu allen Kulturen und Kulturkreisen, die einst waren oder uns bekannt sind, gibt es eine wichtige Gemeinsamkeit:

**Der Glaube an einen Gott oder die Götter!**

Egal ob wir uns die Höhlenmalereien von Altamira oder anderswo betrachten, Schnitzereien und Bronzefiguren der Sumerer oder auch all der anderen Kulturen in Vergangenheit und Gegenwart, die Menschen glaubten immer an eine höhere Macht, die es gut mit ihnen meinte und die sie verehrten. Dabei spielt es nun keine Rolle, ob es sich um eine einzelne Gottheit wie beim Monotheismus oder um einen ganzen Pantheon, wie bei den alten Griechen handelt:

Wichtig ist:

**Sie wussten, Alle, da ist Jemand, der sich für uns als Individuum interessiert, sich verantwortlich fühlt, der uns hilft, uns lenkt und leitet.**

Und wenn wir uns nun die Mühe machen, die verschiedenen Religionen genau zu betrachten, werden wir erstaunt feststellen, dass es eigentlich in

den Grundaussagen nur sehr geringe Unterschiede gibt.
Dabei ist es nun auch noch vollkommen egal, ob es sich um eine einfache Naturreligion oder eine hoch entwickelte Theologie handelt, die Differenzen zueinander sind eigentlich so verschwindend minimal, dass sie normal jeden blutigen Religionskrieg ad absurdum führen und die ganze Welt in einer einzigen, großen Ökumene leben könnte, was ja auch ein sehr schönes und sinnvolles Fernziel ist. Dieser religiöse Übereifer, der zuweilen in sinnlosen Bombenattentaten gipfelt, führt eher zur Ablehnung einer Religion als zum wahren Glauben.

In jeder Religion gibt es ein Leben nach dem Tod und in den meisten Fällen findet dies entweder im Himmel oder in der Hölle statt. In manchen Fällen gibt es dann noch ein Fegefeuer, um die Seelen von ihren Verfehlungen zu reinigen.
Oder das neue Leben findet in einer erweiterten Bewusstseinsebene statt, was sich dann, wie sie später lesen werden, ebenfalls wieder in der vierten Dimension befindet.
Am schlechtesten traf es da noch die Griechen mit ihrem Hades, einer Unterwelt wo das eigene Bewusstsein verblasste und man mehr oder weniger dahinvegetieren musste.

Aber, wieder ganz wichtig:

**Jede dieser Religionen hat einen bindenden Verhaltenskodex, der**

**prinzipiell der Vorläufer unserer Gesetzbücher ist und das Verhältnis der Menschen miteinander regelt, der sagt was gut und schlecht ist, wie zum Beispiel die uns bekannten zehn Gebote aus dem alten Testament, welche aber wahrscheinlich auch wieder auf den Codex von Hamurabi, einem babylonischen Keilschrifttext zurückgehen. Hamurabi, genannt der wahre Herrscher, lebte ca. 1800 vor Christus in Mesopotamien.
Hamurabi war der sechste König der 1. Dynastie von Babylon.**

Die nächste Gemeinsamkeit besteht in der Aussage, dass wir eine unsterbliche Seele besitzen, die nach unserem Tod weiterlebt und dass Gott uns nach seinem Ebenbild geschaffen hat.

Das ist ein genialer Verwirrpunkt, der zwar den Tatsachen entspricht, von den meisten Menschen zwischen schlecht und gar nicht verstanden oder realisiert wird und den wir, so hoffe ich, endgültig beim Thema 4. Dimension klären werden.
Denn natürlich schuf Gott uns nach seinem ureigenen Ebenbild, wir müssen das nur richtig zu verstehen lernen.

So, dann ist da noch eine wesentliche Gemeinsamkeit.

Der Gott oder die Götter beobachten uns und unser Treiben, manchmal werden wir für gute Taten belohnt, ein anderes mal für schlechte Taten bestraft und manchmal werden wir auch nur auf die Probe gestellt.

Wir können sie oder ihn um ihre oder seine Hilfe bitten, Ihnen danken und wir werden in unserem Handeln von Gott beurteilt und:

**Wir beten zu Gott.**

Das ist ganz wichtig, denn das Gebet ist bereits ein schöpferischer Akt, mit dem wir Vorstellungen erzeugen, sie uns intensiv einprägen und wenn Sie einmal:

Die Macht Ihres Unterbewusstseins

Von Dr. Joseph Murphy lesen, werden Sie wissen, warum uns das Gebet hilft, dazu müssen wir nicht einmal ein gläubiger Mensch sein.

Unser Unterbewusstsein ist immer bestrebt, das zu realisieren, was wir uns vorstellen und dazu gehört das Gebet.

Es ist auch nicht sonderlich relevant, ob es nun eine ganze Schaar von Göttern gibt, wie bei den Germanen, den Griechen, Römern oder Ägyptern und so weiter oder ob es nur einen einzigen Gott gibt wie im Christentum, wo es aber auch schon wieder ein Gott in drei Personen ist, oder dem Monotheismus. Bei einem Pantheon sind nur die

Funktionen und Befugnisse aufgeteilt, jeder Gott oder jede Göttin hat dann seine Zuständigkeiten und eigenen Aufgabenbereich.

Das mag vorerst genügen, wenden wir uns zunächst einmal dem wichtigsten Thema zu:

**Gibt es überhaupt einen Gott?**

Ich gebe ja zu, dass die Frage ziemlich ketzerisch und provokativ klingt, aber sie ist für unser Thema unumgänglich.

Betrachten wir zunächst unsere gute alte, Erde. Wie viele Millionen von Zufällen und zufälligen Reaktionen müsste es geben haben, dass alles so wurde (mit Ausnahme der vom Menschen veränderten Dinge) wie es ist.

Das sind zweifellos schon einmal eine unübersehbare Menge an Zufällen.
Aber weiter geht es, unser perfekt funktionierendes Sonnensystem, alles zieht seit Milliarden von Jahren seine geordnete Bahn, absolut genau ausgeklügelt und perfekt hingezirklet, also wirklich, so ein blöder Zufall!

Dann das Zusammenspiel in der Milchstraße, wieder Milliarden von Zufällen, nichts kollidiert, alles funktioniert und wenn man dann noch die anderen Milliarden an Galaxien betrachtet, ergeben sich Trillionen von Zufällen.

Den Glauben, dass dies alles Zufall sei halte ich für ziemlich einfallslos, unintelligent und primitiv.
So viele Zufälle gibt es nicht, wenn schon die Wahrscheinlichkeit des Zufalls beim Sechser im Lotto 1 zu mehreren Millionen beträgt und hier haben wir Trillionen solcher Zufälle aneinandergereiht, ganz zufällig.

Ich muss schon sagen. Ich halte das für ziemlich einfallslos. Aber Menschen die so etwas glauben, überlassen dann auch ihr Leben dem Zufall und das geht meistens schief.

Da ist es dann schon wesentlich einfacher und meiner bescheidenen Meinung nach logischer, anstelle von einer astronomisch hohen Anzahl von Zufällen an einen Gott zu glauben, der dies schuf. Aus welchem Grund er das auch immer gemacht hat, es ist irrelevant.
Ob aus einer Laune heraus oder auch mit der vollen Absicht dies zu erschaffen, er hat auch die Regeln dafür ganz exakt festlegt, dass alles so funktioniert wie es ist.

So viele Zufälle kann es gar nicht geben, hinter dem ganzen System muss nachgerade eine ordnende Macht stehen. Warum sie dieses macht, sei dahingestellt, vielleicht ein Experiment, Gott ist in der 4. Dimension, da spielt die uns bekannte Zeit keine Rolle, das werden wir später noch genau feststellen.

Und da sind schon wieder bei seinem Ebenbild.
Natürlich ist die bekannte Vorstellung von dem alten
Mann mit wallendem, weißen Rauschebart grotesk
und unrealistisch, nur weil wir im Alter mal so
aussehen können, wurde dieses Bild irgendwann
mal von Gott geschaffen.

Ganz interessant ist, dass es bei den alten Juden
im alten Testament verboten war, ein Bild von Gott
zu malen, machen oder schnitzen, weil für sie Gott
einfach nicht darstellbar war, konnten sie sich ihn
auch nicht vorstellen. Damit lagen sie verdammt
nahe an der Realität, was sie im Kapitel über die
vierte Dimension feststellen werden.

Was er nach seinem Ebenbild schuf, ist eindeutig
unsere Seele, das was unsere Bewusstheit im
Endeffekt mit ausmacht und die nach unserem
Tode weiterlebt.
Noch Keiner hat sie gesehen, angefasst, berührt,
nur gefühlt haben wir sie alle schon, wenn es ganz
tief im Inneren pocht.

Und noch etwas hat er uns gegeben, wir dürfen
dieses Leben, mit Bewusstsein und Seele
weitergeben, dazu wurden wir als Mann und Frau
geschaffen.

Ein Grund übrigens für mich, Abtreibungen ohne
wichtigen medizinischen oder psychischen Grund
abzulehnen. Wenn wir Leben schaffen, haben wir
auch dafür einzustehen, das ist unsere
Verantwortung Gott gegenüber. Und nur weil ein

Kind gerade mal nicht in den Kram passt, es einfach abzutreiben, ist ganz eindeutig nichts anderes als vorsätzlicher Mord!

.

Das 5. Gebot und das gibt es in veränderter Form in fast jeder Religion heißt:
„Du sollst nicht töten!!"
Damit haben wir auch nicht das Recht, ungeborenes Leben zu vernichten. Es wäre ja auch nachgerade unsinnig etwas zu schaffen, um es zu vernichten und auch das ungeborene Kind hat ein Recht auf sein Leben, genauso wie seine Eltern. Nur, und das ist das Fatale daran, es kann sich nicht wehren und diese Wehrlosigkeit kostet ihm sein Leben.

Also, er schuf uns nach seinem Ebenbild. Gott existiert in der vierten Dimension.

**Und wenn Gott Vierdimensional ist, dann muss es auch unsere Seele sein.**

Sie ist faktisch der Träger unseres Bewusstseins, das was nach dem Tode nach einhelliger Meinung fast aller Religionen weiterlebt.

Beim Wie gibt es einige Unterschiede:

Im Christentum und dem Islam gibt es Himmel und Hölle und warum es im Islam gleich sieben Himmel gibt, das mag meinetwegen ein gläubiger Mohammedaner wissen, ist aber für unser Thema absolut  nicht wesentlich.

Der Himmel ist unsere Belohnung, für ein anständiges Leben.
Die Hölle ist eine Bestrafung, die ewige Verdammnis!

Dann gab es da noch das Fegefeuer zur Läuterung derjenigen, die zu Gut für die Hölle waren!

Darüber habe ich 1976 mit meinem Onkel mehrere Tage diskutiert, er war da bei mir und meiner verstorbenen, ersten Frau für ein paar Tage zu Besuch und er erkannte sehr früh, meinen Faible zu esoterischen Themen.

Eines ist Himmel sicherlich nicht, ein Ort, wo Engel mit der Harfe im Arm auf einer Wolke sitzen und Hosianna singen. Das ist eindeutig Kitsch und Klischee.

Für de Buddhisten (bei denen gibt es keinen Himmel in unserem Sinn) ist es die Existenz in einem höheren Sein, einer höheren Bewusstseinsebene. Dazu werden wir wiedergeboren. Der Mensch hat eine Summe an Erfahrungen auf dieser Welt zu machen, um Vollkommen zu werden und dazu muss er wieder und immer wieder kommen, bis diese Erfahrungen gesammelt sind und auch fehlerlos absolviert wurden.

Diese Erkenntnis wird auch durch die Befragung vieler Personen mit Nahtoderfahrung gestützt. Fast einheitlich wird von dem Licht erzählt, in das man aufsteigt und von dem Lebensfilm, der in Sekunden vor einem abläuft, in dem man fast gnadenlos bewertet wird:

„Das hast Du gut gemacht", eine Erfahrung die man nicht mehr wiederholen braucht.

„Das hast Du schlecht gemacht," das erfordert eine Wiederholung und:

„Das hast Du schon wieder schlecht gemacht," also erneut die Chance vertan.

Am Ende steht dann eine Bewusstseinsebene, bei der man so weit geläutert ist, dass eine erneute Wiedergeburt nicht mehr nötig ist.

Für die anderen Religionen nehmen wir das Licht, vor dem keiner der Nahtoderfahrenen Angst hatte, sie gingen gerne darauf zu und waren regelrecht enttäuscht, als sie wieder in das Leben zurückgeholt wurden.
Licht bedeutet Energie, Aufstieg in die vierte Dimension, zur ultimativen Erkenntnis in eine Ewigkeit, in welcher unsere Zeit keine Rolle spielt, aber davon später mehr.

Ich kann mir nun beim besten Willen nicht vorstellen, dass Gott einen Ort schuf, für die ewige Verdammnis, am besten noch mit Kohlenfeuer, vor dem ein zotteliger, schwarzer Teufel, mit Schwanz und Hörnern steht . Das sind Bilder, welche die

Kirche im Laufe der Jahrhunderte entwickelte, um die Gläubigen an der Kandare zu halten, ihnen Angst zu machen.

Die ewige Verdammnis heißt für mich, endgültiger Tod, die Seele stirbt oder wird vernichtet, auch wenn Energie nicht verloren geht, Hölle heißt einfach: AUS! Man hat das Weiterleben nicht verdient. Das kann man sich so ähnlich vorstellen, wie die grauen Männer bei Momo. Deren Seelen sind ihre Zigarren (sie rauchen Zeit) und wenn man Ihnen die Zigarre wegnimmt, sterben sie.

Dann war da noch das Fegefeuer.
Wo kann denn eine Seele besser geläutert werden, als wenn sie wieder kommen muss, genau auf diese Erde um dann alles besser zu machen, die Religionen liegen nicht weit auseinander.

Ich gehe einfach davon aus, dass das Fegefeuer genau die Wiedergeburt in diese Welt ist. Die Erfahrungen noch einmal zu machen, solange, bis man seine Lektion endgültig gelernt hat.

Auch das Gebet ist etwas, was allen Religionen gemeinsam ist.

Wie weit es hilft, sagt uns Jesus:
„Siehe, Dein Glaube hat Dir geholfen!"

Und alleine daran ist erkennbar, dass der Glaube fester Bestandteil des menschlichen Lebens ist. Wie heißt es so schön:

„Der Glaube kann Berge versetzen!"

Und im Gebet manifestieren wir unsere Wünsche und Hoffnungen. Sie werden zur bildlichen Vorstellung und je mehr Gewissheit wir haben, dass unser Wunsch erfüllt wird um so sicherer wird er erfüllt.

Das sind ganz einfache Energiegesetze und Gott ist die reine, allmächtige Energie, was wir im übernächsten Kapitel ganz unschwer erkennen werden.

Ja und am schlechtesten trifft es die Atheisten, sie glauben an Nichts, keine Hoffnung, nicht gar nichts, umsonst gelebt, ohne einen tieferen Sinn, ohne Erfahrung für sein selbst.

Alles aus mit dem Tod.
Ein Leben ohne Sinn!
Ein Leben ohne Hoffnung!
Ein Leben ohne echte Liebe, alles dem Zufall überlassen, den es gar nicht gibt.

Was ist das für eine fatalistische Einstellung. Da kann das Leben ja gar keinen Spaß machen? Jeden Tag lebt man in Angst vor dem Ende, das ist ja ein Albtraum, eine selbstinszeniertes Horrorszenario, für alle, die nicht an Gott glauben.

Eine Leben ohne Hoffnung, dann braucht es auch keine Regeln, mit dem Tod ist sowieso alles aus,

Nichts bleibt, wenn Dich der Letzte vergessen hat,
bist Du endgültig tot!

Ehrlich gesagt, glaube ich nicht daran, dass diese
Art von Leben Spaß machen kann, so ohne Sinn,
ohne Hoffnung, ohne Glaube und ohne einen Gott,
von dem ich weiß, dass er mich liebt.

# Die Religionen

Schauen wir uns zunächst einmal die Religionen an. Das werden wir nicht vollständig machen können, denn dann bekommt das Buch mehrere tausend Seiten. Es reicht zum Beispiel, wenn wir für die antiken Religionen Griechenland nehmen, die Römer haben ihren Pantheon eh bei den Griechen abgekupfert und die Religion der Germanen ist denen der anderen antiken Völker nicht unähnlich.

Die Griechen haben sich schon sehr früh die Götter in Menschengestalt vorgestellt, das nennt man anthropomorph. Ein wesentliches Charakteristikum für die griechische Religion war die Uneinheitlichkeit. Dies lag vor allem an der weitläufigen Zergliederung des Landes. Dadurch hatten die Griechen wahrscheinlich mit die meisten Götter, aber belassen wir es für diesen Part bei den Hauptsächlichen.

Die Göttergestalten entstanden ca. 2000 v. Chr., als die ägäische Urbevölkerung mit indoeuropäischen Einwanderern verschmolz. Genauso wie die Bevölkerung verschmolzen dabei auch die Vorstellungen.
Schon sehr früh wurden die Charaktere der Götter an die herrschende Schicht angepasst.
Außerdem ist es auch sehr wahrscheinlich, dass die Dichtungen von Hesiod und Homer wesentlich zum Götterbild der Griechen beitrugen.

Hesiod zum Beispiel verfasste einen sogenannten Götterkanon, der Fachleuten zufolge die griechische Religion sehr beeinflusst hat.

Der griechische Pantheon weist eine sehr hierarchische Rangordnung auf.
Zunächst gibt es einmal die Chefetage, das sind die olympischen Götter, weil sie auch dort ansässig sind. Insgesamt sind das 12, mit Zeus an der Spitze als Hauptgott, der Chef sozusagen. Man nennt sie auch die Zwölfgötter. Ihnen sind wieder eine ganze Menge kleinerer Götter untergeordnet.

Dann gibt es noch die homerischen Götter, die sich besonders durch ihre Menschlichkeit auszeichnen. Sie beobachten die Menschen mit einem gewissen Wohlwollen.
Die Macht der Götter wird durch Moira, dem Schicksal eingeschränkt.

Das Leben nach dem Tod war bei den Griechen eher spartanisch, denn sie mussten in die Unterwelt, den Hades, der auch als unterirdische Höhle betrachtet wurde. In dieser Schattenwelt durfte dann der Grieche ohne Bewusstsein weiterexistieren, völlig kraftlos und als Schattenbild seiner selbst. Keine besonders erklecklich Vorstellung.

Etwas verwirrend ist der Pantheon an sich, da ist das Christentum schon einfacher.
Der eigentliche Urvater der Götter ist Uranos, der Himmelsgott und der Vater der sechs Titanen. Er ist

der eigentliche Schöpfer, der Urgott sozusagen, seine Gemahlin ist Gaia, die Erdgöttin, Mutter der Titanen und Kyklopen.
Dann kommen die Titanen, das sind Kronos, Vater des Zeus, der Beherrscher der Welt, Gemahl von Rhea der Mutter von Zeus.
Tethys, die Mutter der Flussgötter gehört auch zu den Titanen, ebenso Themis (Göttin der Ordnung) und Theia. Okeanos, der Wassergott ist ebenso ein Titan wie Hyperion der Gott des Lichtes. Die letzte Titanin ist Hekate mit einem breiten Spektrum, nämlich Göttin der Fruchtbarkeit, der Unterwelt und des Zaubers.

Dann kommen die Söhne und Töchter der Titanen. Es war schon schwierig, Grieche zu sein und dabei den Durchblick zu behalten.

Soweit zu den Griechen, eine ursprüngliche Form der Religion sind die sogenannten Naturreligionen, also der frühen, meist noch schriftlosen Völker.
Eine treffende Beschreibung fand ich im Internet unter gutefrage.net:

„Naturreligionen sind die Religionen der schriftlosen Völker. Früher sagte man "primitive Völker". Also etwa die Religion der sibirischen Jägervölker, der nordamerikanischen Indianer, der zentralafrikanischen Völker und so weiter.
Diese Naturreligionen sind wie der Name bereits vermuten lässt, in den naturnahen Erlebnisraum der jeweiligen Völker eingebunden. Sie sind gekennzeichnet durch eine deutliche Beziehung

zwischen dem "Numinosen" und der Natur, etwa in der Form von Naturgeistern, Göttern die mit Naturphänomenen in Verbindung stehen und so weiter."

Wichtig ist in dem Zusammenhang, dass diesen Naturgeistern, welchen auch Opfergaben gebracht wurden, in einer Verbindung mit den Menschen standen, meist mit einem Priester, in dem Fall auch Schamane genannt.

Schauen wir uns nun die großen Weltreligionen an. Dabei muss man nun wirklich nicht auf einzelne Gruppen eingehen, es genügt wenn man zusammenfasst.

## Das Christentum:

Das Christentum geht auf Jesus von Nazareth zurück, der sich selbst als Gottes Sohn bezeichnete. Seine wichtigste Botschaft war die Liebe zu Gott und zueinander.

Johannes 13.34
„Ein neues Gebot gebe ich Euch, dass ihr einander liebet; dass, wie ich Euch geliebt habe auch ihr einander liebet."

Und in Johannes 13.35
„Daran wird jedermann erkennen, dass ihr meine Jünger seid, wenn ihr Liebe untereinander habt."

Wenn die Chronisten etwas besonders wichtig fanden, haben sie es wiederholt, in diesem Fall sogar mehrfach:

Johannes 15.12
„Das ist mein Gebot, dass ihr einander liebet,
gleichwie ich Euch geliebt habe."
Und in Johannes 15.17
„Das gebiete ich Euch, dass Ihr einander liebet."

Die Erlösung selbst ist auch an die Gnade Gottes
gekoppelt, auf die man sich bei entsprechender
Lebensweise verlassen kann.

Dazu gehören die zehn Gebote und das Neue
Gebot. Der Weg zum ewigen Leben muss nicht in
harter Arbeit verdient werden, man muss auf Gott
vertrauen, Ja sagen zur Liebe Gottes.
Dann genügt es auch, auf die Gnade Gottes zu
vertrauen und seine Vergebung anzunehmen.

Dazu Johannes 1.12
„Allen gab er das Recht, Kinder Gottes zu werden.
Allen, die an seinen Namen glauben."

Jesus bekundet darin eine direkte Freundschaft zu
den Menschen, macht aber auch klar, dass dies
ohne das Leben, Sterben und Auferstehen von
Jesus nicht möglich ist. Dazu auch die folgende
Stelle:

Einer der meistzitierten Bibelverse ist
wahrscheinlich Johannes 14.6
„Jesus spricht zu ihm: Ich bin der Weg, die Wahrheit
und das Leben. Niemand kommt zum Vater denn
durch mich."

Dies ist eigentlich die zentrale Botschaft und das Grundwesen des Christentums. Gott schickt in seiner Liebe seinen einzigen Sohn um den Menschen den Weg zur Erlösung zu ermöglichen.

Die meisten Dogmen wie die unbefleckte Empfängnis usw. sind Nebenkriegsschauplätze und nicht so wichtig.

## Buddhismus:

Der Name Buddha heißt eigentlich: Der Erwachte. Der richtige Name des Glaubensgründers war Siddharta Gautama. Er wurde im Jahre 563 vor Christus in Nepal geboren und wurde 80 Jahre alt. Er war der Sohn einer Königsfamilie im Gebiet des heutigen Nepal.
Chronisten berichten, dass er bereits in seiner frühen Jugend durch sein Wissen und seine Intelligenz auffiel.
Nach der Geburt seines einzigen Sohnes, verließ er mit 29 Jahren das sorglose Leben in seinem Elternhaus, da es ihn nicht zufriedenstellte.
So lernte er die Realität und das Leiden der Menschen kennen.
Seine Erkenntnis war, dass die vier Realitäten, Alter, Krankheit, Tod und Schmerz untrennbar mit dem Leben verbunden sind. Er Verstand, dass vor diesen vier Realitäten auch Reichtum keinen Bestand hat und beschloss, einen Ausweg aus dem allgemeinen Leid zu finden. Alle Wege, die ihm bis dahin gelehrt wurden, betrachtete er als nicht gangbar. Im Alter von 35 Jahren hatte er das

Erlebnis des Erwachens, als er in einer Vollmondnacht in tiefer Meditation unter einer Pappelfeige saß.

Mit diesem Erlebnis fielen Hass, Begierde und Unwissenheit von ihm ab, er wurde zu Buddha, dem Erwachten.

Nach seinem Erwachen hielt begegnete er fünf Asketen, seine späteren frühen Gefährten und hielt seine erste Rede. Bis zu seinem Tode im Jahre 483 v. Chr. lehrte er im Nordosten Indiens.

Die Lehre:

Die vier edlen Wahrheiten:

1   Leben ist Leiden. Niemand kann immer nur glücklich, zufrieden und gesund sein. Es wird immer wieder Zeiten geben, in denen wir traurig, krank, wütend, verzweifelt oder auch nur schlecht gelaunt sein werden.

2   Der Grund für dieses Leiden ist: „Haben wollen."

3   Es gibt einen Zustand, in dem dieses Haben wollen aufhört, das ist der Zustand der Erleuchtung.

4   Dahin gibt es einen Weg, dass dieses „Haben wollen aufhört. Dieser Weg wurde von Buddha der edle, achtfache Pfad genannt.

Der edle, achtfache Pfad:

1   Richtige Sichtweise
    Wissen was gut und schlecht für uns ist und die Folgen unseres Tuns erkennen.

2   Richtige Absicht

Das was wir tun, mit der richtigen Einstellung tun, nicht um etwas zurückzuerhalten oder anerkannt zu werden.

3   Richtiges Sprechen
    Niemanden durch Worte verletzen.
4   Richtiges Handeln
    So handeln, dass man dabei an alle denkt.
5   Richtige Lebensweise
    Keine Drogen verkaufen oder nehmen, keine Tiere töten, nicht stehlen.
6   Richtige Anstrengung
    Sich anstrengen, ein gutes Leben zu führen und seine Anstrengen danach richten, immer mehr zu besitzen.
7   Richtige Achtsamkeit
    Darauf Achten, dass unsere Gedanken und Taten in Harmonie mit der Welt sind.
8   Richtige Konzentration
    Meditieren und Gutes tun, damit wir Erleuchtung finden.

Dazu gibt Buddha sechs gute Taten an die Hand, die als die wichtigsten gelten.
- Großzügig sein
- Anderen nichts Böses tun
- Geduld
- Nicht Aufgeben Gutes zu tun
- Meditation
- Weisheit

Die Lehre Buddhas nennt man Dharma, was im Altindischen wiederum so viel wie Lehre heißt.

Wo es Buddhismus gibt, taucht folgendes Bild auf:

Der Kreis in der Mitte stellt das Rad dar. Es steht dafür, dass Buddha anderen erklärt hat, um was es bei seiner Lehre geht.

Eigentlich wollte der Buddha es nicht tun, denn er glaubte, dass niemand verstehen würde, was er als Erleuchteter nun wusste. Er hatte nämlich erkannt, dass die Welt genauso wie das Ich nicht auf die Art wirklich da sind, wie wir es glauben, sondern dass alles eher wie ein Traum ist, den alle Wesen träumen. Brahma, der oberste der Götter, an die die Menschen, damals, als der Buddha gelebt hat, glaubten, merkte das. Er wollte auf keinen Fall, dass Buddha dieses einzigartige Wissen über die Erleuchtung nicht weitergab. Deshalb er eilte herbei, kniete sich vor ihm nieder und sprach: „Bitte, erleuchteter Buddha, lass uns nicht alleine in dieser Welt voller Leiden und Angst. Lehre uns den Weg der Befreiung, den du erkannt hast!" Der Buddha schaute den Gott Brahma

überrascht an: „Keiner wird es verstehen können.
Der Weg zur Erleuchtung ist zu schwierig, er
übersteigt alles, was jemals gedacht oder gefühlt
oder getan worden ist." „Es gibt sicher Wesen, die
fähig sind, diesen Weg zu gehen, auch wenn er
sehr schwer ist", bat Brahma. „Versuch es doch
wenigstens! Bitte!" Mit diesen Worten deutete er auf
sein goldenes Rad, das er als Zeichen seiner Macht
immer bei sich trug.

## Karma

Im Buddhismus wird sehr viel über Karma
gesprochen. Was ist das eigentlich?
Übersetzt heißt das Wort, das aus der alten
indischen Sprache Sanskrit stammt, Handlung, Tat.
Alles im Leben besteht aus Handlungen, also ist
alles Karma. Denn alles, was wir erleben, ist die
Folge von Taten. Dadurch, dass wir leben, tun wir
etwas. Wir handeln unentwegt, wir können nicht
leben, ohne etwas zu tun, zu verändern, zu
bewegen. Handlungen bestehen nicht nur als Taten
mit dem Körper, sondern auch durch Sprechen und
Denken.
Im Buddhismus sagt man deshalb: Durch Körper
(etwas tun), Rede (= Sprechen) und Geist (=
Gedanken) entsteht Karma.
Ursachen und Wirkungen
Alles besteht aus Ursachen und deren Wirkungen.
Diese zwei Worte „Ursachen" und „Wirkungen"
werdet ihr auch sehr oft im Buddhismus hören, und
sie bedeuten eigentlich dasselbe wie Karma.
Um die Folgen steuern zu können, braucht man
einen klaren Kopf, sagt der Buddha. Mit einem

klaren Kopf können wir vermeiden, in einen „schlechte Laune" Trott zu verfallen.
Wir können darauf aufmerksam sein, was wir tun, anstatt uns einer – womöglich schlechten – Gewohnheit zu überlassen.
Der Buddha lehrte auch, dass wir aufpassen sollen, wenn andere sich gemein zu uns verhalten. Denn hier ist man sehr schnell unaufmerksam.

Es geht bei Karma also immer darum, wie ich mich verhalte, wie ich meine Handlungen so steuere, dass sie Gutes bringen. Das tut nicht nur den anderen, sondern auch mir gut. Denn wenn die anderen sich verstanden fühlen, dann sind sie (als Folge davon) auch zu mir verständnisvoll, freundlich und hilfsbereit.

# Wiedergeburten

Mit Karma hängt auch das große Thema „Wiedergeburten" zusammen. Die vielen, vielen unzählbar vielen Handlungen, die wir in einem Leben tun, sind mal gute, mal schlecht mal halb-halb Taten. Wenn wir sehr viele gute Taten getan haben, sind die Eigenschaften unserer Handlungen überwiegend gut. Man könnte auch sagen: wir haben gutes Karma, eben weil wir bei vielen Möglichkeiten, bei denen wir die Wahl hatten, freundlich waren statt gemein, frech, unhöflich. Wenn wir viel Gutes getan haben, bedeutet das, dass in uns die Kraft, Gutes zu tun, sehr angewachsen ist. Sterben wir als ein solcher Mensch, der viel Gutes getan hat, wird im nächsten Leben diese Kraft sofort wieder da sein. Unser nächstes Leben wird gut beginnen können. Denn in uns sind diese guten Kräfte gespeichert.

In der buddhistischen Fachsprache nennt man das: positives Karma ist angesammelt worden.

Manchmal sagt man auch heilsames Karma.

Haben wir meistens gemein, frech, unhöflich und egoistisch gelebt, sind diese negativen Kräfte in uns gespeichert. Unser nächstes Leben wird nicht so wirklich gut beginnen können.

In der buddhistischen Fachsprache ausgedrückt heißt das: negatives oder unheilsames Karma wurde angesammelt.

Um uns klar zu machen, wie wichtig es ist, in allen Leben Gutes zu tun, deshalb erzählte der Buddha so oft und gern von seinen früheren Leben. Egal als was er wiedergeboren war, ob als Tier, als Mensch, als Geist oder als Gott, er bemühte sich immer, nur das Gute zu tun und das Schlechte sein zu lassen.

Buddhisten glauben an Wiedergeburt. Das heißt, sie vertrauen darauf, dass nach diesem Leben nicht alles zu Ende ist und dass dieses Leben auch nicht das erste ist.

Buddhisten sind überzeugt davon, dass sie nach diesem Leben als jemand „Neues" wiedergeboren werden. Das kann als Mensch sein oder als Tier. Im Buddhismus glaubt man, dass man auch als Geist (zum Beispiel Baumgeist), Gott oder Halbgott wiedergeboren werden kann. Es gibt sogar die Möglichkeit, als eine Art Gespenst an einem düsteren, furchterregenden Bereich wiedergeboren zu werden. Das passiert, wenn man in diesem Leben unvorstellbar viele böse, gemeine und grausame Taten begangen hat.

(Unter Zuhilfenahme von: Buddhas Lehre –
Buddhakids)

So gesehen ist der Buddhismus keine Religion,
sondern eine Weltanschauung. Im Buddhismus gibt
es eigentlich keinen Gott.

Dazu ein kleines Erlebnis, welches ich mit meinem
Freund Prayad, dem Buddha von Khao Tao, einem
kleinem, malerischen Fischerdorf, 15 km südlich
von Hua Hin.
Mit Prayad hatte ich viele Diskussionen, über
Religion, Gott und die Welt. Er ist auch sehr
belesen und kennt sich in den anderen Religionen
hervorragend aus, einmal sagte er zu mir:
„Dieses ganze Wissen ist ein guter Grund mehr, ein
Anhänger Buddhas zu sein.!
Der Mönch merkte bald, dass ich den Lehren
Buddhas gegenüber nicht abgeneigt war und fragte
mich mit seinem stets gewinnenden Lächeln:
„Was bist Du eigentlich?“
Ich antwortete ihm ganz unbefangen:
„Weißt Du Prayad, ich glaube an Gott, deshalb fühle
ich mich als christlicher Buddhist!“
Da fing er laut zu lachen an, schüttelte den Kopf
und sagte zu mir:
„Das geht nicht, da hat Dein Papst etwas dagegen,
Deine Kirche erlaubt Dir nicht, Buddhist zu sein. Du
musst sagen, dass Du ein buddhistischer Christ
bist, denn Buddha hat nichts dagegen, dass Du an
Gott glaubst!“

# Der Islam:

Der Islam geht auf den Propheten Mohammed, geb. 570. nach Chr. zurück. Wichtigstes Buch im Islam ist der Koran, welchen der Erzengel Gabriel dem Propheten Mohamed eingegeben haben soll.

Die Muslime stellen Mohamed bei weitem nicht so in den Vordergrund, wie es die Christen mit Jesus tun. Zentral und fest im Glauben verankert, das zentrale Thema ist der Koran, um den sich alles dreht.

Aus dem Blickwinkel des Islam ist Gott verborgen, von seiner Schöpfung vollkommen losgelöst. Hier hat auch der Mensch keine Ähnlichkeit wie Gott (kein Ebenbild).

Gott offenbart sich im Koran, er überschreitet seine Transzendenz nicht.

Aber das Wissen um die Existenz Gottes hat für den Muslim Konsequenzen. Auch im Islam gibt es das jüngste Gericht, wo der Mensch für all seine Taten zur Rechenschaft gezogen wird. Alleine die, welche Fehlerlos sind, ohne Schuld auf sich geladen zu haben, dürfen ins Paradies einziehen. Demzufolge glauben die Muslime an ein Leben nach dem Tod.

Dafür muss der wahre Gläubige die fünf Grundsäulen des Korans verpflichtend einhalten. Diese sind:

Annahme und Sprechen des Glaubensbekenntnisses.

Einhaltung und Sprechen des fünffachen Gebetes.

Einhaltung des Ramadans (einmonatiges Fasten).

Einmal im Leben nach Mekka pilgern(die Hadsch).

Die Zahlung der sogenannten Almosensteuer.

# Hinduismus:

Hier zitiere ich aus einer Internetseite, nämlich mitdenken.de, wo ich die bisher treffendste Definition fand:

Der Hinduismus kennt nicht nur einen einzigen Gott, sondern vielmehr eine Vielzahl an Göttern. Deshalb wird der Hinduismus auch als polytheistische Weltreligion bezeichnet. Die drei Hauptgötter und somit auch die wichtigsten im Hinduismus sind Varna, Vishnu und Shiva. Doch trotz des polytheistischen Glaubens sehen viele Hinduisten in all diesen Göttern nur die verschiedenen Gesichter eines einzigen Gottes – Brahman. Andere Hinduisten glauben heutzutage eher, dass nicht Brahman, sondern Shiva oder Vishnu der Gott ist, welcher durch andere Götter sein Gesicht bekommt.

Der Hinduismus setzt sich zudem aus verschiedenen Religionsformen zusammen. Gemeinsam haben sie aber alle den Glauben an das "ewige Weltgesetz", das "Karma". An das Karma knüpft sich der Glaube an die Seelenwanderung. Es sagt, dass jede in diesem Leben ausgeführte, moralisch bedeutsame Handlung das Schicksal des Lebewesens in seiner nächsten Wiederverkörperung bestimmen wird. Hat also jemand in seinem Leben Gutes getan, wird es ihm im folgenden Leben gut gehen. Nach dem Weltgesetz haben alle Lebewesen schon seit

Ewigkeit bestehende Seelen, die nur die materiellen Hüllen wechseln. So geht nach dem Karma die Seele nach ihren Taten Körper ein.

Natürlich gibt es noch viele andere Gemeinschaften und Sekten, aber selbst die in Amerika streng nach alten Traditionen lebenden Hutterer oder Amish People, die jede moderne Technik ablehnen und noch in der Kutsche fahren, sind unterm Strich Christen. Selbst die Zeugen Jehovas, die einen Weltuntergang nach dem anderen prophezeien, sind Christen, auch wenn das der Papst nicht wahrhaben will.

Es gibt da noch Quäker und Mormonen, selbst Scientology wird mittlerweile als moderne Religionsgemeinschaft geführt, die Grundwerte aber sind bei allen fast die gleichen.

# Die vierte Dimension

Dies ist generell ein sehr kontroverses Thema, da wir naturgemäß sehr wenig über die 4. Dimension wissen, was in der Natur der Sache liegt und am Ende des Kapitels ziemlich klar sein wird.

Um grundsätzliche Aussagen über die vierte Dimension treffen zu können, müssen wir uns zunächst die anderen Dimensionen genau ansehen.

Untersuchen wir einfach einmal die verschiedenen Dimensionen auf Gesetzmäßigkeiten zueinander, die Abhängigkeiten und Bedingungen und wie wir von Ihnen auf die nächsthöhere Dimension schließen können.

### Die Dimension Null

Sie haben richtig gelesen, bei mir beginnt es mit der Dimension Null, so gesehen ist die Vierte bereits die fünfte Dimension. Damit aber nicht mehr Verwirrung, als unbedingt nötig gestiftet wird, belassen wir es bei den bekannten Bezeichnungen und fügen im Vorfeld die Dimension Null ein.

Die Dimension Null ist ein Punkt.
Er hat weder Länge noch Breite, keine Höhe, keine Fläche, er ist eigentlich gar nichts, weil er praktisch überhaupt nicht da ist.
Trotz alledem spielt der Punkt in der Geometrie eine wichtige Rolle, denn er dient zur Markierung, begrenzt damit Strecken, Flächen und Räume.

Ein Punkt steht für sich alleine, eine Linie oder Strecke ist für ihn unendlich lang, da er selbst unendlich oft in ihr enthalten ist, da er ja keinerlei Ausdehnung hat. Er ist also wichtig bei unserer Betrachtung der Dimensionen und so weisen wir ihm einen Platz als Dimension Null zu.

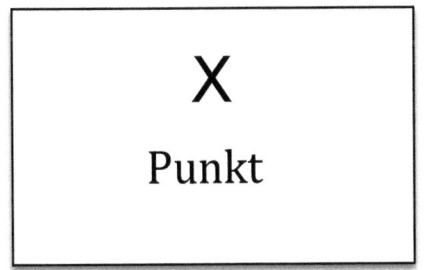

## Die erste Dimension

Jetzt geht es in bekanntes Terrain, denn als erste Dimension bezeichnen wir eine Linie oder Strecke.

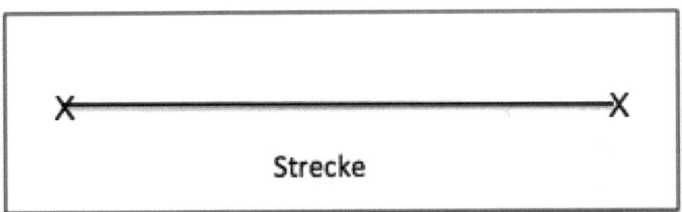

Eine Strecke oder Linie steht wieder für sich alleine und wird begrenzt von mindestens 2 Punkten und hat keine Fläche
Da der Punkt keine dimensionale Ausdehnung hat, ist er unendlich oft in der Strecke enthalten, egal wie lang die Linie ist.

Fassen wir kurz zusammen:

Der Punkt hat keinerlei dimensionale Ausdehnung, weder Länge, noch Breite noch Fläche, er steht für sich alleine.
Die Strecke wird von mindestens zwei Punkten begrenzt. Der Punkt ist unendlich oft in ihr enthalten und die Linie hat weder eine Flächen- noch eine Raumausdehnung.

## Die zweite Dimension

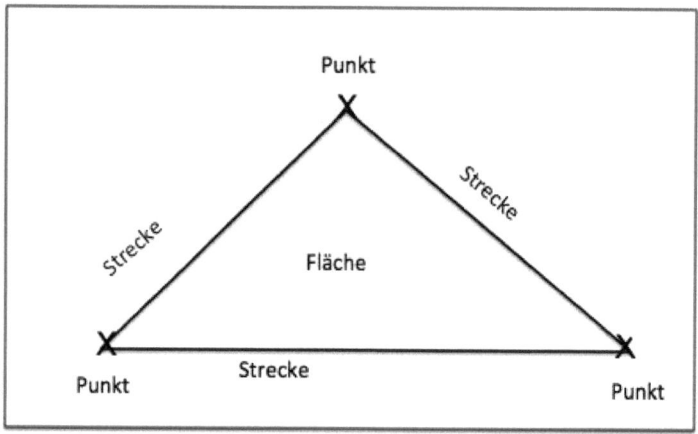

Hier haben wir die einfachste Art der Fläche, Sonderformen wie ein Kreise oder Ellipsen ausgenommen, denn die benötigen unendlich viele Punkte.
Wir sehen auf Anhieb:
Die Fläche wird von mindestens drei Punkten begrenzt.
Ebenso wird die Fläche von mindestens drei Strecken begrenzt.
Die Fläche hat keinerlei räumliche Ausdehnung,

Punkte und Strecken sind unendlich oft in ihr enthalten.
Für die Fläche erscheint der Raum unendlich groß, weil sie ja unendlich oft in ihm enthalten ist.

## Die dritte Dimension

Wenn man wieder die Sonderform wie Kugel außer acht lässt, ergibt sich als einfachste Variante des Raumes die Dreieckspyramide, auch Tetraeder genannt.

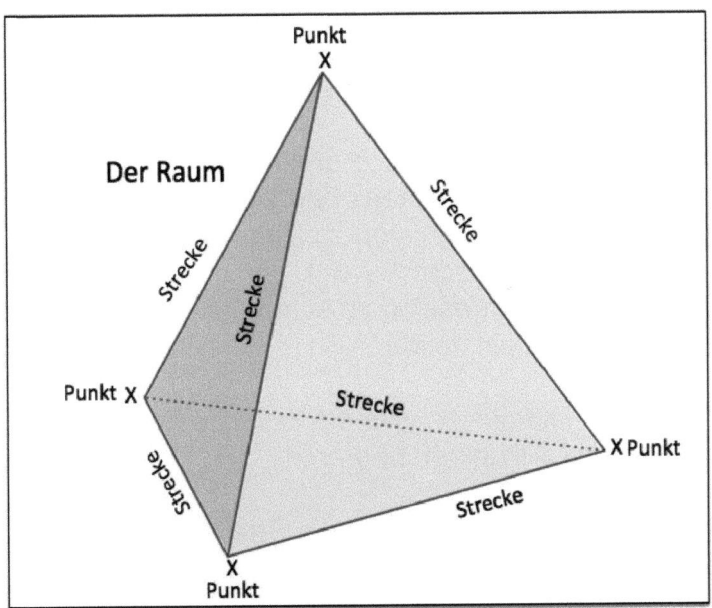

Wir erkennen unschwer, der Raum wird von mindestens vier Punkten, sowie von 6 Strecken begrenzt, außerdem braucht er mindestens vier Flächen. Die Fläche ist wiederum unendlich oft im

47

Raum enthalten, da sie ja selbst keinen Raum einnimmt.

Versuchen wir nun einmal die Ergebnisse unserer Recherche in einer Tabelle darzustellen, dann ergibt sich folgendes Bild:

| Was ergibt sich: | Punkte | Strecken | Flächen | Räume |
|---|---|---|---|---|
| Dimension 0 | 1 | 0 | 0 | 0 |
| Dimension 1 | 2 | 1 | 0 | 0 |
| Dimension 2 | 3 | 3 | 1 | 0 |
| Dimension 3 | 4 | 6 | 4 | 1 |

Wir erkennen ganz einfach und eindeutig:
Die Anzahl der mindestens benötigten Punkte erhöht sich von Dimension zu Dimension jeweils um den Faktor 1, nämlich: 1-2-3-4
Um auf die 4, Dimension zu schließen, können wir nun eindeutig feststellen:

Die vierte Dimension wird als logische Folge von mindestens 5 Punkten begrenzt.

Als nächstes sehen wir uns die Strecken an:
0-1-3-6
Die Differenz erhöht sich jeweils um 1, also 1+2+3, demzufolge wäre der Sprung zu Dimension vier genau 4 Punkte, plus den 6 Punkten aus der Dimension drei ergibt 10.

Wir können also wieder eine völlig logische
Aussage treffen:

Die vierte Dimension wird von mindestens 10
Strecken begrenzt.

Mit den Flächen wird es jetzt schon ein wenig
schwieriger, ist aber immer noch logisch.
Man muss sich nur einmal die Verhältnisse
ansehen:

Die Anzahl mindestens benötigter Punkte erhöhen
sich pro Dimension jeweils um 1, also, wie in der
Tabelle: 1-2-3-4 Folgerung: 5.

Die Anzahl der mindestens benötigten Strecken
erhöhen sich pro Dimension um den Faktor 1, dann
1+1, und dann: 1+1+1.
ergo:  1-3-6 Folgerung 10.

Jetzt kann man natürlich sagen, bei den Flächen
haben wir zu wenig Vergleichswerte, aber die
einzigen zwei Erhöhungen sind: 1 und 1+1+1, die
einzig logische Weiterentwicklung kann dann sein:
1+1+1+1+1, ergo: 1-4 Folgerung 10.
Das heißt, es werden mindestens 10 Flächen
benötigt, um die vierte Dimension zu begrenzen.

Das klingt nun zugegebenermaßen ziemlich blöde,
aber es ist einfach so:
Für uns dreidimensional begrenzte Wesen,
erscheint die vierte Dimension unendlich, sowie für

den Punkt die Strecke, für die Strecke der Raum unendlich erscheint.

In der höheren Dimension gibt es natürlich Grenzen, die nur von Wesen dieser Dimension als solche wahrgenommen werden können.

So, nachdem wir die Logik bis hierher strapaziert haben, wagen wir uns noch an die Räume, damit wir unsere Grundvorstellung der 4. Dimension perfektionieren können.

Dazu müssen wir eigentlich nur nachsehen, wie oft ist die vorherige Dimension in der Höheren als Mindestbegrenzung enthalten.

Also,   Punkte begrenzen sich selbst, folglich 1,
    bei der Strecke sind es 2 Punkte,
    bei der Fläche sind es 3 Strecken,
    beim Raum sind es 4 Flächen.

Wieder ganz einfach, wir haben die Folge 1-2-3-4, aus welchem Grund sollte etwas anderes als 5 kommen.

Nun sieht unsere Tabelle folgendermaßen aus:

| Was ergibt sich: | | | | |
|---|---|---|---|---|
| | Punkte | Strecken | Flächen | Räume |
| Dimension 0 | 1 | 0 | 0 | 0 |
| Dimension 1 | 2 | 1 | 0 | 0 |
| Dimension 2 | 3 | 3 | 1 | 0 |
| Dimension 3 | 4 | 6 | 4 | 1 |
| Dimension 4 | 5 | 10 | 10 | 5 |

Wir haben nun die Mindestbegrenzungen der vierten Dimension festgelegt, da diese logisch zu ergründen sind. Leider können wir uns deshalb immer noch nicht vorstellen, wie diese vierte Dimension aussieht, weil sie ja für uns als dreidimensionale Wesen als unendlich groß erscheint.

Der Fußboden eines Raumes wenn denken könnte oder wenn sich ein zweidimensionales Wesen auf ihm bewegen würde,, täte auch glauben, dass de Zimmerdecke unendlich weit weg ist, da ihm die dritte Dimension fehlt, die Ausdehnung der vorherigen Dimension ist in der Nächsthöheren gleich 0.

So gesehen sind wir eigentlich gar nicht existent, aber alles ist letztendlich relativ.

Das Spiel mit den Begrenzungen können wir unendlich lange fortsetzen, die Anzahl der Mindestbegrenzungen lässt sich auch für die 10 Dimension errechnen, die Frage ist nur, welchen Sinn macht es und gibt es die überhaupt, für uns ist ja schon die Vierte Dimension ziemlich abstrakt.

**Was verbirgt sich nun in der vierten Dimension?**

Man geht heute davon aus, dass sich hinter der vierten Dimension die Zeit verbirgt. Doch dies ist sicherlich nicht die Zeit, welche wir kennen, denn die ist in der vierten Dimension ebenfalls gleich 0, unsere uns bekannte Zeit ist ein Hilfsmittel aus der dritten Dimension. So wie im Raum die Fläche keine räumliche Ausdehnung hat, sie beträgt 0, so ist auch die Zeit in der vierten Dimension als solche so nicht existent.

Um damit wird aber auch in der Bibel manches klarer und vor allem logisch ( gibt es in der Art auch bei anderen Religionen ):

Nehmen wir Psalm 90.4 und 2. Brief Petrus 3.8 **"Eins aber sei euch unverhalten, ihr Lieben, dass ein Tag vor dem Herrn ist wie tausend Jahre, und tausend Jahre wie ein Tag."**

Ich möchte nun wirklich keinen Religionsunterricht geben, aber das trifft doch den Nagel ganz genau auf den Kopf. Ob 1000 Jahre oder ein Tag, wenn Gott ein Wesen der vierten Dimension ist, dann ist das korrekt, tausend Jahre sind genauso viel wie zehn Minuten oder auch nur eine einzige Sekunde:

## nämlich 0!

Die uns bekannte Zeit ist definitiv in der vierten Dimension gleich Null. Vergangenheit, Gegenwart und Zukunft bilden in der vierten Dimension eine Einheit.
Ich gehe nun einfach davon aus, denn es ist meine feste Überzeugung, dass Gott ein Wesen dieser vierten Dimension ist. Und mit den Worten von Gottfried Keller können wir nach der Zitierung obiger Bibelstelle sagen:
„Und die Bibel hat doch recht!"

Wir haben nun schon eine ganze Menge über die vierte  Dimension in Erfahrung gebracht. Jetzt wird es endlich Zeit, zu untersuchen, was gibt es da in dieser Dimension eigentlich, was ist da existent oder möglich?

Jede uns bekannte Materie ist an Zeit gebunden, denn Protonen und Elektronen kreisen um ein Neutron und diese Rotation ist zeitabhängig. Das soll heißen, jede Umkreisung benötigt Zeit, egal ob Nanosekunde oder Jahre. Das hat aber nun leider unabdingbar zur Folge, dass wiederum jede uns bekannte Materie in der vierten Dimension gar nicht möglich ist, da ja unsere Zeit in ihr 0 ist.

Auf all diesen Informationen, gibt es nur eine logische Antwort.
In der vierten Dimension befindet sich ausnahmslos materielose Energie und das in einer für uns unendlichen Menge, da ja für uns die kleinste Maßeinheit der vierten Dimension wiederum unendlich ist..

Gott ist ein Energiewesen und es sei mir gestattet, eigentlich steht das auch in der Bibel.
In der Genesis 1.3 bis 1.26  beginnt jeder Absatz mit:
„Und Gott sprach....“
Er hat also nicht gewerkelt und geknetet, er sprach, er setzte Energie ein.

Auch die Entstehung des Menschen in Genesis 1.27:

Und Gott schuf den Menschen nach seinem Bild, nach dem Bild Gottes schuf er ihn; als Mann und Frau schuf er sie.

Einen weiteren Hinweis finden wir in Genesis 2.7:

„da bildete Gott, der HERR, den Menschen, [aus] Staub vom Erdboden und hauchte in seine Nase Atem des Lebens; so wurde der Mensch eine lebende Seele."

Da haben wir also die Stelle, Gott schuf den Menschen nach seinem Bild, nicht nach dem Aussehen und in 2.7 wird es dann ganz deutlich, da passiert das, was uns zum Ebenbild macht, er haucht uns die Seele ein, er gibt uns etwas von dieser, seiner unendlichen Energie ab, was uns über den Rest der Schöpfung setzt, die Seele. Noch Keiner hat sie gesehen aber fast Alle wissen, dass sie da ist.

Dazu musste auch noch die Materie geschaffen werden und zwar in einer anderen Dimension, der Dritten, denn sonst wären wir tatsächlich Gott ebenbürtig, eben wie er.

Versuchen wir doch die Schöpfung ein wenig nachzuvollziehen, die in der Genesis interessanterweise ziemlich der tatsächlichen Entstehung von der Reihenfolge her entspricht.

Der Ablauf müsste in etwa folgendermaßen gewesen sein:
Es tritt eine Menge dieser materielosen Energie in den dreidimensionalen Raum über. Dabei wandelt sie sich in die materiellen Grundbaustoffe, Protonen, Elektronen und Neutronen.

Nur noch einmal zur Verdeutlichung:
Die kleinste Menge der vierdimensionalen Energie ist in der dritten Dimension unendlich.

Diese Grundbausteine haben nun wieder die Eigenschaft, dass sie sich zu Elementen verbinden wollen.
Das einfachste Element ist Wasserstoff, er hat die geringste Atommasse.
Das häufigste Isotop des Wasserstoffs wird auch als Protium bezeichnet. Es besteht aus genau einem Elektron und einem Proton, einfacher geht nicht und jetzt kommt es:

Mehr als 98% der Materie im Universum besteht aus Wasserstoff. Und so entstand der Urknall, als riesige Mengen von Wasserstoff sich zusammenballten und unter der Hitze dieses enormen Druckes die ersten Sonnen entstanden, riesige Wasserstoffbälle, welche aus jeweils zwei Wasserstoffatomen ein Heliumatom produzieren und dabei wieder Energie erzeugen.

Das belegt auch die Veröffentlichung von Chemie.de:

Im Weltall dominieren Wasserstoff und Helium, die beide schon beim Urknall entstanden (*primordiale Nukleosynthese*). Von 1000 Atomen im Universum sind 900 Wasserstoffatome, weitere 99 Atome sind Heliumatome. Nur ein Atom von 1000 ist also nicht Wasserstoff oder Helium. Lithium, Beryllium und Bor sind für ihre niedrige molare Masse selten, da auch sie ausschließlich durch den Urknall entstanden und nicht durch Kernfusion gebildet werden können.

Ja es passt eigentlich alles wunderbar zusammen. Es ist nachgerade absolut logisch.

Und natürlich sind wir Menschen nicht alleine da draußen. So vermessen dürfen wir nicht sein, uns als die alleinige Krone der Schöpfung im Weltall zu betrachten.
Es gibt unter den Milliarden von Galaxien sicherlich eine ganze Menge riesige Menge anderer Systeme, auf welchen Leben wie bei uns auf der Erde entstand.

Gott weiß was er tut, er kennt uns Menschen, wir kommen ja schon untereinander nicht zurecht, also verteilte er seine Planeten mit Sicherheit so, dass sich die einzelnen Gemeinschaften nicht bekriegen können, es reicht schon, was wir auf unserem eigenen Planeten in dieser Hinsicht anstellen.

Demzufolge sind die Abstände schon zwischen den Sonnensystemen so groß, dass sie die Menschen in einem Lebensalter nicht vom einen zum anderen System reisen können. Das würde mehrere Generationen dauern. Die Abstände zwischen den Galaxien sind dann noch gigantischer.

Der Mensch träumt zwar davon, irgendwann die Gesetze der dritten Dimension brechen zu können, aber die Aussichten sind meiner Meinung nach verschwindend gering.
Nach Einstein benötigen wir bereits unendlich viel Energie, um Lichtgeschwindigkeit zu erreichen und die gibt es nur in der vierten Dimension, auf die wir so gut wie keinen Zugriff haben.
Außerdem vermute ich, dass wir Menschen solch unendliche Energie Massen gar nicht handeln können, sie würden uns vernichten, sie sind für uns schlicht und ergreifend nicht vorstellbar.

Sehr gerne zitiert man Star Trek und den darin beschriebenen Warp- Antrieb.
Die Funktion ist einfach erklärt, man versucht durch eine gezielte Krümmung der Raumzeit mit Überlichtgeschwindigkeit zu fliegen.
Rein prinzipiell wäre dies von den Naturgesetzen her möglich, bzw. erlaubt, aber ich glaube nicht daran, dass es uns Menschen möglich sein wird, die Raumzeit zu krümmen.

Dazu aus Wikipedia die Theorie des Warp Antriebes:

Ein funktionsfähiger Warp-Antrieb muss die Eigenschaft haben, einen bestimmten Energie-

Impuls-Tensor zu erzeugen, welcher das Raumzeitgebiet um ein Raumschiff herum derart verändert, dass die Entfernung zwischen Start- und Zielpunkt verringert wird. Dies bedeutet nichts anderes, als dass die Raumzeit vor dem Schiff kontrahiert und hinter ihm wieder expandiert. Da sich die Raumzeit selbst überlichtschnell ausbreiten darf, könnte ein Objekt also theoretisch in einer solchen Warp-Blase mitreisen. Die erste funktionierende Warp-Metrik wurde 1994 von Miguel Alcubierre aufgestellt. Sie ist jedoch keine strenge Lösung der Einsteingleichungen, sondern wurde direkt mit den gewünschten Eigenschaften konstruiert. Um die Gleichungen zu erfüllen, ist eine negative Energiedichte erforderlich, welche auch als exotische Materie bezeichnet wird.

Da der Alcubierr'sche Antrieb zusätzlich etwa zehn Milliarden mal mehr exotische Materie benötigt, als das Universum insgesamt besitzt, wurde er von Van den Broeck dementsprechend verbessert. Dazu schloss er die Alcubierre'sche Warp-Blase um zwei weitere Blasen herum. Seine Rechnungen zeigten, dass sich der Bedarf an exotischer Materie dadurch zwar nicht aufhebt, aber zumindest auf einige Sonnen Massen reduziert wird. Die äußere Blase, also die eigentliche Alcubierre-Warp-Blase, wird dabei als sehr klein ($R=3 \cdot 10^{-15}$m) angesetzt. Die innerste Blase besitzt dafür jedoch eine Oberfläche, die einer Blase von 200 m Durchmesser entspricht. Diese scheinbare Diskrepanz wird durch die vierdimensionale Geometrie ermöglicht. Die Materiedichte ist bei beiden Antrieben jedoch so hoch, wie die Materiedichte des Universums kurz nach dem Urknall gewesen ist. Alcubierre und Broeck gingen von einer vorher ungekrümmten Raumzeit aus. Ist die Raumzeit hingegen gekrümmt, so genügen nach Sergei Krasnikov bereits 10 kg exotischer Materie, um solch ein System aus Warp-Blasen zu erzeugen. Durch geringfügige Modifikation der Van-Den-Broeck-Metrik gelang es Krasnikov, die notwendige Menge an exotischer Materie auf einige Milligramm zu reduzieren.

Also, die Tatsachen nüchtern betrachtet, ist diese Art der Fortbewegung zwar ganz interessant und für Star Trek natürlich unabdingbar, aber im praktischen Anwendungsbereich sehe ich ihn bei weitem nicht.

Da gibt es dann noch die Variante mit Wurmloch. Die Bezeichnung stammt im übrigen vom Vergleich mit einem Apfel, bei der ein Wurm den Weg abkürzt, indem er sich quer durch das Gehäuse des Apfels frisst.
Wurmlöcher sind bis dato nur theoretische Gebilde, die sich möglicherweise aus speziellen Lösungen der Feldgleichungen der allgemeinen Relativitätstheorie ergeben. Im Jahre 1957 wurden sie das erste Mal von Albert Einstein und Nathan Rosen beschrieben, daher auch der Name: Einstein-Rosen-Brücke.

Doch bisher hat Niemand ein Wurmloch gesehen oder entdeckt. gesehen oder entdeckt.

Gott beobachtet und schaut interessiert zu, wir sind seine Experimente.

Wahrscheinlich freut es sich diebisch darüber, wie wir unvollkommenen Menschen in seiner Schöpfung herumpfuschen, ohne dabei wirklich wesentliches zu erreichen.

Bis dato sind wir mehr dabei, unseren Planeten zu zerstören und uns gegenseitig zu vernichten.

# Die Schöpfung

Nun schauen wir uns einmal die Schöpfung an. Es gibt mehrere Varianten, wie diese Schöpfung abgelaufen sein kann.

Die Texte der Bibel, oder andere Religionen sind hier kaum zurate zu ziehen denn die Bevölkerung aus dieser Zeit lebte zum Zeitpunkt der Schöpfung noch nicht. Es sind meist bildliche Darstellungen, mit denen die Urbevölkerungen, sich diesen Akt der Schöpfung vorstellen konnten.

Interessant jedoch ist, dass viele dieser Texte dem tatsächlichen Geschehen ziemlich nahe kommen. Manchmal ist zwar die Reihenfolge etwas anderes wie zum Beispiel bei der Genesis, im Prinzip aber stimmt der Ablauf.

Wichtig ist, dass man verstand, dass hier nichts durch Zufall entstand, sondern eine ordnende Macht wachte hinter der ganzen Geschichte, die ein ganz bestimmtes Ziel verfolgte.

Ich persönlich glaube, dass der Urknall und der wird mittlerweile von keinem Wissenschaftler mehr bezweifelt, entstand, als die materielose Energie der vierten Dimension in die dritte Dimension eintrat.

In diesem Augenblick entstanden unendlich viele Wasserstoffatome, als sich diese Energie materialisierte. Ich kann mir gut vorstellen, dass dies einen gewaltigen Knall gab, der die Wasserstoffatome in alle Richtungen verteilte.

Um Fragen vorzugreifen, die höhere Dimension kann die niedrigere Dimension beeinflussen, weil sie von ihr beherrscht wird.
Die Fläche kann nicht die dritte Dimension beeinflussen, ein dreidimensionales Wesen wie wir, aber sehr gut die Fläche.

Diese Unmenge an Wasserstoffatomen verdichtete sich dann wieder zu den verschiedenen Galaxien, wo dann durch weitere Verdichtungen die ersten Sonnen entstanden.

Dadurch entstanden in den Galaxien die ersten Sonnensysteme und der Rest der Geschichte ist jedem bekannt.

Und bereits in den ersten zwei Sätzen der Genesis finden wir schon den ersten Hinweis, dass Gott ein Energiewesen ist:

1Am Anfang schuf Gott Himmel und Erde. 2Und die Erde war wüst und leer, und es war finster auf der Tiefe; und der Geist Gottes schwebte auf dem Wasser.

Der Geist Gottes schwebte über dem Wasser. Wenn das nicht eindeutig ist, was dann?

Und bis zum Vers 26 kommt nun die Schöpfung im Einzelnen und immer heißt es:

„Und Gott sprach!"

Also befahl Gott, er beherrscht die dritte Dimension, mit seiner Energie kann er einfach Alles.
Gott spricht und es wird, oder wie in der Übersetzung steht, zum Beispiel: es ward Licht

Ich glaube, weiter muss ich an dieser Stelle nicht auf die Genesis eingehen, da sie wahrscheinlich Jedem bekannt ist und notfalls kann man sich ja mal eine Bibel kaufen, die hat noch Keinem geschadet.

Schauen wir uns einmal die Schöpfung bei den Hindus an:

**Hindu Schöpfungsmythos**

„Dies ist weder die erste Welt, noch ist es das erste Universum. Es gab vorher und es wird nachher viel mehr Welten und Universen geben, als es Tropfen im Wasser des heiligen Flusses Ganges gibt."

(aus: Zusammenfassung der Schöpfungsgeschichte der Hindus aus MARTIN PALMER/ESTHER BISSET: Die Regenbogenschlange. Zytglogge Verlag, Bern 1987, S. 32 ff.)

Schon wieder einmal ein Hinweis, dass wir nicht Alleine existieren.

Die Gründung der Botschaft des Krishna ist die Idee, dass die Vielfalt der Dinge und Ereignisse um uns herum nichts als verschiedene Manifestationen der gleichen letzten Wirklichkeit Brahman genannt sind. Brahman ist das Prinzip aller Dinge, sondern auch das Wesen der Leere ist das Wesen aller Dinge. Die Schöpfung ist das Opfer, das Gott von sich selbst macht, die schließlich wird die Welt so lange wie Gott wird wieder Verwechseln Sie die unzähligen Formen ohne Einheit, die wir wahrnehmen, in den Bann der Maya. Die Dynamik des Spiels wird durch die Wirkung der kosmischen Karma, der Wirkstoff des Spiels, wo alles dynamisch mit allem verbunden ist gegeben. Karman ist die kreative Kraft, die Anlass zu Existenz, ist der Prozess, der das Muster der Organisation der Natur und der Lebewesen (Autopoiesis) materialisiert. Das Netzwerk der Perlen von Indra in der jede Perle spiegelt alles finden konnte, eine Analogie in dem holographischen Prinzip und Ortlosigkeit.

(aus Weltliche Apokalypse – Die Schöpfungsmythen)

Machen wir weiter:

### Griechischer Schöpfungsmythos

Vor dem Anbeginn der Zeit war das Chaos, ein gähnender Schlund ohne Anfang und ohne Ende. Finster waren die Nebel, aus denen es bestand, und doch lagen schon in ihnen die Urbestandteile allen Lebens: Erde, Wasser, Feuer und Luft. Und so geschah es, dass sich die Finsternis (Erebos) und die Nacht (Nyx) aus dem Schlund erhob.

Beide vereinigten sich und gebaren den Äther (Aither) und den Tag (Hemera).
Die erste aber unter allen Göttern war die Erdenmutter Gaia.

Gaia oder Ge, lat. Gaea, ist nach der griechischen Götterlehre die lebenserzeugende und lebentragende Erde.
(aus: galerie-elender.de)

## Ägyptischer Schöpfungsmythos

Atum und Nun

Am Anfang war der riesiger Ozean Nun.
Aus dem Chaos dieses unendlichen Wassers wuchs der Urhügel Tatenen empor.
Genau über ihm erblühte eine Lotosblüte, aus der der Sonnengott Re hervorstieg.
In dem Chaos machte sich der Gott Ur-Atum (das All) an die Erschaffung des unendlichen Universums.
Der Sonnengott Re hatte zwei Kinder: Schu, den Windhauch (die Luft), und Tefnut, die Feuchtigkeit (das Wasser).
Schu und Tefnut zeugten Geb, die Erde, und Nut, den Himmel.
Geb und Nut hatten fünf Kinder: Osiris (die Fruchtbarkeit), Isis (das fruchtbare Land), Seth (die Dürre), Harmachhis und Nephtys (die Wüste).
Osiris und Isis zeugten den Königsgott Horus, der den Pharao zu Lebzeiten verkörpert.

Aus den Tränen des Sonnengottes Re entstanden die Menschen. Die Götter regierten zuerst als Pharaonen über die Menschen, sie zogen sich doch später in die Unsichtbarkeit zurück.
(aus: galerie-elender.de)

Einer der ältesten Schöpfungsmythen ist der von den Babyloniern. Er wurde ca. 2000 vor Christus in sieben Tafeln gemeißelt, welche dann jeweils wieder ca. 150 Verse haben:

**Enuma Elish –**

**Der babylonische Schöpfungsmythos**

Zuerst herrschte Chaos aus Urgewässer und Materie, bis sich daraus zwei Götter trennten: Apsu, der männliche Gott des Süßwassers und Tiamat, die weibliche Göttin des Meerwassers, die auch als Ungeheuer dargestellt wird. Aus ihnen entstanden weitere Götterpaare. Jede weitere Generation erhielt mehr Macht. Anu wird als Gott des Himmels geboren und regiert im Himmel. Enlil ist der Herrscher der bewohnbaren Welt. Ea ist der Gott der Klugheit, er beherrscht das Wasser und die Wissenschaft. Eas Sohn ist Marduk, der die Gesamtherrschaft übernimmt und Ordnung in die Welt bringt. Er gilt als der eigentliche Schöpfer der Welt.

1. Tafel

Auf der ersten Tafel werden Marduks Geburt und die Unstimmigkeiten in der Götterwelt beschrieben. Marduks Großvater Anu lässt vier Winde entstehen, die die Meere stören. Tiamat fühlt sich beleidigt und sinnt nach Rache!

## 2. Tafel

Es entstehen zwei Fronten in der Götterwelt und ein Krieg wird vorbereitet. Anschar, Vater von Ea (Urgroßvater von Marduk) ist wütend über die Auslösung eines Krieges und beauftragt Marduk, Tiamat zu besänftigen.

## 3. Tafel

Auf Marduks Wunsch versammeln sich alle Götter und gemeinsam wird der weitere Verlauf beraten. Während einige Götter und Krieger beim Angriff vor Tiamat flüchteten, entgegnete Marduk, dass Tiamat nur ein Weib sei und deshalb niemand Angst vor ihr haben müsse. Er besiegte sie und forderte die Alleinherrschaft. Marduk bestieg den Thron.

## 4. Tafel

Nach Marduks Sieg über Tiamat, teilte er ihren Körper in Himmel und Erde. Die Götterwelt war nun endlich geordnet und die Herrschaft der Götter war aufgeteilt. Anu bekam den Himmel, Enlil die Erde und Ea das Meer. Sonne, Mond und Sterne werden erschaffen.

## 5. Tafel

Marduk legt die Konstellationen der Sterne fest. Das babylonische astronomische System mit seinen Tierkreiszeichen ist geschaffen.

6. Tafel

Marduk erschafft den Menschen aus Tiamats Leib, den er in viele Teile schneidet. Im Menschen soll Blut von schuldigen Göttern fließen. Sie haben Sünde und Tod geschaffen und so kam das Böse auf die Welt. Menschen sind geschaffen worden, um den Göttern zu dienen.

7. Tafel

Marduk wird als Herrscher und Schöpfer verehrt. Er bekommt drei Namen: „Heldenhafter Sohn, Rächer und Versorger"
(aus welt-erschafft.de)

Die babylonischen Texte und die der Sumerer sind sich ziemlich ähnlich. Wenn sie einmal Zeit haben, besorgen sie sich das Gilgamesch Epos, den Sintflut Bericht der Sumerer. Wenn sie dann den Namen von Utnapischtim dem Fernen mit Noah übersetzen, haben sie exakt den Sintflut Bericht aus der Bibel, fast wörtlich, nur das Gilgamesch einige hundert Jahre älter ist.

Man sieht, die haben auch früher schon voneinander abgeschrieben.

## Die Schöpfung bei den Mayas

"Dies ist der Bericht, wie
alles in Spannung war,
alles still,
in Stille;
alles bewegungslos,
alles bebend,
und leer war die Weite des Himmels."

Dies ist die erste Kunde, das erste Wort. Noch war
kein Mensch da, kein Tier. Vögel, Fische,
Schalentiere, Bäume, Steine, Höhlen, Schluchten
gab es nicht. Kein Gras. Kein Wald. Nur der
Himmel war da.

Noch war der Erde Antlitz nicht enthüllt. Nur das
sanfte Meer war da und des Himmels weiter Raum.

Noch war nichts verbunden. Nichts gab Laut, nichts
bewegte, nichts erschütterte, nichts brach des
Himmels Schweigen. Noch gab es nichts
Aufrechtes. Nur die ruhenden Wasser, das sanfte
Meer, einsam und still. Nichts anderes.

So wurde entschieden in Nacht und Finsternis vom
Herzen des Himmels, Huracan genannt. Seine
erste Erscheinung ist der Blitz, Cakulha. Seine
zweite der Donner, Chipi-Cakulha. Seine dritte der
Widerschein Raxa-Cakulha. Diese drei bilden das
Herz des Himmels.

Und etwas weiter steht:

Es trafen sich also Tepeu und Gucumatz und sprachen von Leben und Licht; von Helle und Dämmerung; und wer Nahrung schaffen würde und Unterhalt.

"Es geschehe! Es fülle sich die Leere! Weichet zurück, ihr Wasser, und gebet Raum, dass die Erde aufsteige und sich festige!"

So sprachen sie. "Es werde Licht! Dass Himmel und Erde sich erhellen! Nicht Ruhm noch Größe wird sein, bis der Mensch erscheint, bis der Mensch geschaffen." So sprachen sie.

Darauf schufen sie die Erde. Die Wahrheit ist, dass sie die Erde schufen. "Erde!" sagten sie, und im Augenblick war sie geschaffen.

In Nebel, Wolken und Staub geschah die Schöpfung, als die Berge sich aus den Wassern erhoben, und sogleich wuchsen die Berge. Nur durch ein Wunder, durch Zauber wurden die Berge und Täler geschaffen. Und zugleich sprossten Zypressen und Tannen und bedeckten der Erde Antlitz.

(aus: Das Popol Vuh)


## Schöpfung im Islam

Die Schöpfungsgeschichte des Islam, greift sehr stark auf die Bibel zurück, was ja auch nicht weiter verwunderlich ist, denn Mohammed wurde ja zunächst einmal christlich erzogen.

Der Heilige Koran geht in vielfältiger Form auf die Erschaffung des Universums ein. Allah ist der Erste und der Letzte, Er erschuf das Universum aus dem Nichts:

„Siehe, euer Herr ist Allah, Der in sechs Zeiten die Himmel und die Erde erschuf; dann setzte Er Sich auf den Thron. Er lässt die Nacht den Tag verhüllen, der ihr eilends folgt. Und (erschuf) die Sonne und den Mond und die Sterne, Seinem Gesetz dienstbar. Wahrlich, Sein ist die Schöpfung und das Gesetz! Segensreich ist Allah, der Herr der Welten." (7:55)

Entstand die Erde in 6 Tagen?

Der hier mit „Zeiten" übersetzte Begriff heißt im Arabischen Ayyam, was der Plural von Yaum (Tag) ist. Allerdings kann hier nicht der, unserem menschlichen Maßstab entsprechende, 24stündige Tag gemeint sein. Der Heilige Koran erwähnt die Zeitdauer eines Tages bei Gott manchmal als 1000 Jahre (22:48) oder als 50000 Jahre (70:5). So wie der Begriff hier gemeint ist, bezeichnet er eine nicht genau definierte Zeitspanne. Die Materie ist gemäß den Lehren des Heiligen Korans nicht ewig und somit auch nicht schon immer da. Gott ist „der Höchste über seine Diener" (6:19), nur Er ist ewig und der Schöpfer von Belebtem und Unbelebtem. Der Heilige Koran unterstützt die Urknall-Theorie, nach der das gesamte

Universum sich anfangs durch Teilung einer „Urmaterie" entwickelte:

„Haben die Ungläubigen nicht gesehen, dass die Himmel und die Erde in einem einzigen Stück waren, dann zerteilten Wir sie? Und Wir machten aus Wasser alles Lebendige. Wollen sie denn nicht glauben?" (21:31)

Im Einklang mit der Wissenschaft erklärt der Heilige Koran, dass die Himmelskörper ursprünglich gasförmig waren:

„Dann wandte er sich zum Himmel, welcher noch Nebel war." (41:12)
(aus Yahoo Clever: Was sagt der Koran über die Schöpfungsgeschichte)

### Schöpfungsmythos der Aborigines

In der Mythologie der Aborigines, wird die Zeit der Schöpfung, in der die bekannte Landschaft Gestalt annahm und alles Leben seinen Ursprung nahm, als Traumzeit oder Dreamtime bezeichnet. Die Kultur der australischen Aborigines beruht ganz und gar auf der Erinnerung an den Ursprung des Lebens. Gemäß neuesten Erkenntnissen sind ihre Schöpfungsgeschichte und das daraus abgeleitete Weltbild rund einhundertfünfzigtausend Jahre alt.

Die Aborigines nennen die Kräfte und Mächte, die

die Welt geschaffen haben, ihre «Creative Ancestors» - ihre Schöpferischen Ahnen. Sie sind der Überzeugung, dass unsere wunderbare Welt nur in Übereinstimmung mit der Kraft, der Weisheit und den Absichten dieser ersten Ahnen so perfekt geschaffen werden konnte. Während der Epoche, in der dies geschah- der Traumzeit -, bewegten sich die Ahnen über eine kahle, eintönige Fläche, ähnlich wie auch die Aborigines durch ihr riesiges Land wandern. Die Ahnen zogen hierhin und dorthin, sie jagten, schlugen ihr Lager auf, kämpften und liebten, und so schufen sie aus einem formlosen Land eine topographische Landschaft. Vor ihren Wanderungen legten sie sich schlafen und träumten die Abenteuer und Ereignisse des folgenden Tages. Auf diese Weise, indem sie ihre Träume in die Tat umsetzten, schufen die Ahnen Ameisen, Grashüpfer, Emus, Krähen, Papageien, Wallabys, Kängurus, Echsen, Schlangen, alle Nahrung sowie die Pflanzen. Sie schufen alle Elemente der Natur, die Sonne, den Mond und die Sterne, und sie schufen auch die Menschen, die Stämme und Clans. All dies wurde von den Ahnen gleichzeitig erschaffen, und jedes Ding konnte sich in ein anderes verwandeln. Eine Pflanze konnte zu einem Tier werden, ein Tier zu einer Landschaftsform, eine Landschaftsform zu einem Mann oder einer Frau. Ein Ahne konnte zugleich Mensch und Tier sein. Diese Umwandlungen gingen hin und her, je nachdem, wie es die Geschichten der Traumzeit verlangten. Alles wurde aus derselben Quelle geschaffen - den Träumen und den Taten der großen Ahnen -, und alle Stufen,

Phasen und Zyklen waren in der Traumzeit gleichzeitig gegenwärtig. Während die Welt Form annahm und sich mit den Arten und vielfältigen Ausgestaltungen erfüllte, die sich aus den Umwandlungen der Ahnen ergaben, wurden die Ahnen müde und gingen in die Erde, in den Himmel, die Wolken und die Geschöpfe zurück, um gleich einer Kraft in allem nachzuhallen, was sie geschaffen hatten.
(aus Aboriginal-Dreamtime)

## Schöpfungsmythos der Wikinger & Germanen

Einst war das Alter, da alles nicht war, Nicht Sand noch See noch salzge Wellen, Nicht Erde fand sich noch Überhimmel, Gähnender Abgrund und Gras nirgend (Jüngere Edda, 4)

Wie ein roter Faden zieht es sich durch die Nordische Mythologie, und auch die Entstehungsgeschichte der Welt, wie die alten Wikinger sie sich vorstellten, ist davon bestimmt: Gewalt, Brutalität und Tod.

Vor der Schöpfung gab es eine kalte Welt, Niflheim, ganz Eis und Kälte. Und es gab eine heiße Welt, Muspelheim, ganz Glut und Feuer, deren Grenze von Surtur mit dem flammenden Schwert bewacht wurde. Dazwischen liegt Ginnungagap, das geheimnisvolle Nichts, die gähnende Leere.

Im kalten Niflheim ist der Brunnen Hwergelmir, aus dem zwölf Flüsse entspringen. Auf der Seite Ginnungagaps, die Niflheim zugewendet ist, gefriert das Wasser zu Eis, welches sich immer weiter nach Süden ausdehnt, dem warmen Muspelheim zu, bis Eis und Feuer schließlich aufeinandertreffen. Daraus entsteht das erste Lebewesen, der Frostriese Ymir, aus dessen Schweiß noch ein Mann und eine Frau entstehen und der mit den Füßen zwei Söhne zeugt, so dass er zum Vater des Geschlechts der Riesen wird. Er ernährt sich von der Milch der Kuh Audumla, die aus schmelzendem Eis heraus zum Vorschein gekommen ist. Sie selbst ernährt sich, indem sie das salzige Eis leckt und nach einer Weile leckt sie daraus den ersten Mann, Buri, hervor, der mit einer Riesin seinen Sohn Bör zeugt, dessen Söhne wiederum Odin, Wili und We sind, also Wotan, Hönir und Loki, die ersten drei Asen und zugleich die vornehmsten.

Diese drei Asen erschlagen nun den Riesen Ymir und bilden aus den Überresten seines Körpers die Welt.

Aus Ymirs Fleisch ward die Erde geschaffen, Aus dem Schweiße die See, Aus dem Gebein die Berge, die Bäume aus dem Haar, Aus der Hirnschale der Himmel. Aus den Augenbrauen schufen gütige Asen Midgard den Menschensöhnen, Aber aus seinem Hirn sind alle hartgemuten Wolken erschaffen worden. (Jüngere Edda, 8)

Aus dem Blut des Riesen wird das Weltmeer, das die Erde umschließt, darin ist die Erde befestigt. Die Hirnschale, die den Himmel bildet, wird mit vier Hörnern über die Erde erhoben, darunter sitzen die Zwerge Austri, Westri, Nordri und Sudri. Sie erleuchten den Himmel mit Feuerfunken aus Muspelheim.

Aus zwei Bäumen werden die ersten Menschen erschaffen, der Mann Ask und die Frau Embla. Ihre Heimstatt ist Midgard, während die Burg der Asen Asgard heißt. Von dort beobachtet Odin als oberster Gott die Welt und Menschheit und zeugt das Geschlecht der Asen; deshalb heißt er Allvater, weil sowohl Götter als auch Menschen von ihm abstammen.
(aus: Das Mythentor – Nordische Mythologie)

So, jetzt sind wir eine ganze Menge, alter und neuer Religionen durchgegangen. Das alte Testament habe ich jetzt hier etwas vernachlässigt, aber ich gehe davon aus, dass der Schöpfungsbericht der Bibel eh Jedem bekannt ist und wir sind ja an anderer Stelle bereits darauf eingegangen.

Wir haben gesehen, allen Religionen haben eines bereits am Anfang eines gemeinsam, Gott oder die Götter erschufen die Welt.

Was ist nun mit dem Buddhismus, den haben wir hier bisher ausgeklammert. Aber wie bereits an anderer Stelle erwähnt, ist der Buddhismus ein Glaube ohne Gott, eigentlich eine Weltanschauung, die sich nur untergeordnet mit der Entstehung von Welt und Kosmos beschäftigt.

Den besten Artikel darüber fand ich bei Yahoo Clever, bei einer Buddhismuskunde der Uni Hamburg:

Buddha (563-483 v.Chr.) hat sich mit der Frage der Entstehung von Welt und Kosmos nicht befasst. Die kosmologischen Konzeptionen des Frühbuddhismus entsprachen weitgehend den mythologischen Vorstellungen Altindiens von dem stufenweisen Aufbau des Kosmos in verschiedenen Weltregionen. In philosophischer Betrachtung wurde dagegen eine Weltsicht entwickelt, die in ihren neuzeitlichen Ansätzen der wesentlich jüngeren abendländischen Philosophie in vielem voraus war.

Nach buddhistischer Auffassung hat der Kosmos (damit auch die Erde) nicht gegenständlichen, sondern dynamischen Charakter. In dem nie endenden Kreislauf von Werden und Vergehen gibt es nichts Beharrendes und keine unvergänglichen Substanzen.

Der Kosmos ist eine Erscheinung von Energien und somit keine göttliche Schöpfung. Er ist eine Entwicklung aufgrund der wechselseitigen Relation, wobei ein Urbeginn nicht erkennbar ist. Also keine Schöpfung, kein Anfang und kein Ende. In dem ständigen Werdekreislauf gibt es keine Zufälligkeiten, mithin keine ursachlosen Erscheinungen. Alles entsteht aus sich gegenseitig bedingenden Voraussetzungen, die ihrerseits wieder neue Bedingungen schaffen. Diese allem Geschehen immanente Gesetzmäßigkeit ist die einzige Grundlage von Welt und Kosmos.

Aber, das finde ich jetzt wieder ganz wichtig, auch hier wieder die Aussage von den Energien, ohne Anfang und ohne Ende, wobei wir letztendlich wieder bei einer Art Gottesbegriff sind.

So und jetzt sehen wir uns die Theorie vom Urknall an. Damit wir aber auch wirklich gar nichts verkehrt machen, nehmen wir die Definition aus Wikipedia, dem offiziellen und freien Enzyklopädie aus dem Internet:

**Der Urknall** aus *ur-* „zuerst" und *Knall*) ist nach dem Standardmodell der Kosmologie der Beginn des Universums. Im Rahmen der **Urknalltheorie** wird auch das frühe Universum beschrieben, das heißt, die zeitliche Entwicklung des Universums nach dem Urknall.

**Der Urknall bezeichnet keine Explosion in einem bestehenden Raum, sondern die gemeinsame Entstehung von Materie, Raum und Zeit aus einer ursprünglichen Singularität.**

Da keine konsistente Theorie der Quantengravitation existiert, gibt es in der heutigen Physik keine allgemein akzeptierte Theorie zum Zustand des Universums zu sehr frühen Zeiten, als seine Dichte der Planck-Dichte entsprach. Daher ist der Begriff „Urknall" die Bezeichnung eines formalen Punktes, der durch Betrachtung des kosmologischen Modells eines expandierenden Universums über den Gültigkeitsbereich der zugrunde liegenden allgemeinen Relativitätstheorie hinaus erreicht wird. Nach dem kosmologischen Standardmodell ereignete sich der Urknall vor etwa 13,8 Milliarden Jahren.

Einen Satz den habe ich ganz groß und fett unterlegt, die Theorien des Urknalls und die der vierten Dimension sind durchaus kompatibel und widersprechen sich nicht.

Und nun untersuchen wir einmal zusammen mit Ulli Scherhaufer, der dies auf seiner Internetseite: „Evolution oder Schöpfung – Wissenschaftliche Hinweise für den Kreationismus?" hervorragend dargestellt hat das Thema, Evolution und Gott.

Dazu angemerkt, das Wort Kreationismus besagt die Auffassung, dass das Universum, das Leben und der Mensch durch den unmittelbaren Einfluss eines Schöpfergottes entstand.

Zunächst einmal besteht Naturwissenschaft darin, aufgrund von messbaren und wiederholbaren Ereignissen neue Erkenntnisse zu sammeln.

Eine wissenschaftliche These gilt so lange als bewiesen, bis das Gegenteil bewiesen werden kann. Dies gilt für alle uns bekannten naturwissenschaftlichen Gesetze.

Auch für die Entstehung des Lebens gibt es ein wissenschaftliches Gesetz, Louis Pasteur formulierte es bereits im 19. Jahrhundert und es heißt:

„Leben entsteht aus Leben!" (Omne vivum ex vivo)

Nun ist es zwar so, dass die Evolutionstheorie verschiedene Modelle anbietet, wie einzelne Arten entstanden sein können, aber allesamt können dieses, geltende Gesetz nicht widerlegen.

Da die unabhängige Entstehung von Leben heute nicht beobachtbar ist, denn Leben entsteht ja immer nur aus Leben, kann die Naturwissenschaft auf die Frage der Entstehung des Lebens auch keine Antwort geben. Alles, was sie anbieten kann, sind Modelle und Theorien. Mehr aber nicht! Wer die Evolutionstheorie für richtig hält, der muss daran glauben.

Interessant ist, dass die Bibel uns eine Antwort auf die Frage der Entstehung des Lebens gibt, die sogar mit den geltenden Gesetzen übereinstimmt:

Johannes 5,26
Denn wie der Vater das Leben hat in sich selber, so hat er auch dem Sohn gegeben, das Leben zu haben in sich selber.

Die Bibel sagt also, dass Gott das Leben in sich selber hat. Und darum kann er auch das Leben weitergeben. Leben entsteht nun einmal aus Leben.

Gehen wir einen kleinen Schritt weiter, in die Molekularbiologie:

Die DNS (Desoxyribo-Nuklein-Säure,) ist die Grundvoraussetzung für das Leben und beschreibt die Zuordnung von Aminosäuren zu den Basentriplets. Diese Zuordnung ist, wie wir noch weiter unten sehen werden, hochgradig optimiert. Eine Information, die Zehntausende von chemischen Buchstaben genau in die Reihenfolge bringt, die für unser Leben notwendig ist.

Der Zufall, als Ursache der Entstehung der DNS, fällt hierfür als Erklärung aus. Warum?

Nehmen wir an, wir hätten 5 Karten, auf denen die Ziffern 1 bis 5 stehen. Wer diese fünf Karten nun durch Zufall in die richtige numerische Reihenfolge bringen möchte, hat dazu schon 120 Möglichkeiten (5 Fakultät). Statistisch gesehen erhalten wir also innerhalb von 120 Versuchen einmal die richtige Lösung. Wie sieht es aber bei 10 Karten aus? Dann haben wir nämlich schon 3.628.800 Möglichkeiten. Und bei 20 Karten?

Angenommen, wir würden es schaffen, innerhalb einer Sekunde die 20 Karten zu legen, dann würden wir insgesamt mehr als 77 Milliarden Jahre benötigen, um - natürlich wieder rein statistisch gesehen - einmal die richtige Lösung zu erhalten.

Wenn man nun versuchen wollte, nur 50 Ziffern durch Zufall in eine vorgegebene Reichenfolge zu bringen und man hätte dafür eine Milliarde Menschen auf jeweils eine Milliarde vorhandener Erden zur Verfügung, so würden Hunderte von Millionen Jahren nicht ausreichen, um auch nur einmal die richtige Reihenfolge zu bekommen.

Die DNS beinhaltet aber sehr viel mehr als nur 50 Informationseinheiten. Kann dies durch Zufall entstehen?

Nun, man kann daran glauben. Aber benötigt man dazu nicht einen enorm großen Glauben? Einen Glauben, der sehr viel größer ist als der Glaube an einen Schöpfer?

**Hinweis**: Die DNS hat die höchste Informationsdichte, die wir uns vorstellen können. Würde ein Volumen mit der Größe eines Stecknadelkopfes aus DNS bestehen und würden wir die darin enthaltenen Informationen in Taschenbücher schreiben, so wäre der Stapel der Bücher 500 mal größer als die Entfernung der Erde zum Mond.

Oder in der Biophysik:
Der Biophysiker, Philosoph und Autor *Pierre Lecomte du Noüy* (1883 - 1947) schreibt in seinem Buch "Die Bestimmung des Menschen", dass die Wahrscheinlichkeit, um ein Eiweißmolekül mit 2000 Atomen zu bilden, bei $10^{321}$ liegt. Diese Zahl ist so gigantisch groß, dass man Mühe hat, sich darunter etwas vorzustellen.

Zitat aus seinem Buch:

"Ereignisse, die ... unendlich viel mehr Zeit brauchen, als das angenommene Alter der Erde, um mindestens die Chance zu haben, stattzufinden, können - wie mir scheint - als vom menschlichen Standpunkt her unmöglich angesehen werden."

Die Evolutionstheorie hatte u. a. durch Charles Darwin ihren Anfang. Er begründete die Entstehung der Arten mit Selektion und mit dem Gesetz der erworbenen Erbeigenschaften.

Johann Mendel hingegen entdeckte in
achtjährigen Kreuzungsversuchen mit verschiedenen
Erbsenrassen die "Konstanz der Erbeinheiten".
Wir wollen dies an einem Beispiel verdeutlichen:

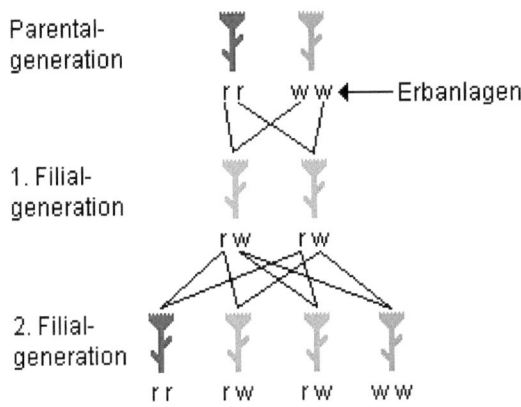

Bild 4: Versuch Johann Mendels mit Pflanzenhybriden

Wenn man in der 1. Generation (Parentalgeneration)
rot- und weiß blühende Pflanzen nimmt und diese
kreuzt, so besteht die nächste Generation
(1. Filialgeneration) nur aus rosafarbenen Pflanzen.
Wenn man nun diese Pflanzen wieder miteinander
kreuzt, so besteht die 2. Generation aus rot-, rosa-
und weißfarbenen Pflanzen und zwar im Verhältnis 1:2:1.

Würde das darwinistische Prinzip gelten, so hätten
in der 2. Generation ebenfalls nur rosafarbene
Pflanzen auftreten dürfen, da die erworbene Eigenschaft,
in diesem Fall die Farbe Rosa, eine neue Art erschaffen

hätte. Wie der Versuch aber zeigte, trat keine Farbmischung ein. Die Erbeinheiten (rot und weiß) blieben konstant. Das Gesetz der erworbenen Erbeigenschaften, so wie es Darwin lehrte und wie man sich u. a. die Evolution erklärt, wurde damit widerlegt.

Auch durch Selektion kann im Grunde genommen keine neue Form entstehen. Selektion setzt ja voraus, dass verschieden Arten zum Selektieren (Sieben) v vorhanden sind. Sie erklärt nicht, woher diese Arten stammen. Eine Höherentwicklung der Arten, im Sinne der Bibel sind darunter eher Tierfamilien gemeint, wurde nie beobachtet oder experimentell nachgewiesen. Es findet immer nur eine Variation innerhalb einer Art statt. Gewissermaßen eine Mikroevolution, aber nie eine Makroevolution.

Warum die "Evolution" nur zu neuen Variationen innerhalb einer Art (Art = wie sie Gott bei der Schöpfung definiert hat) und niemals zu einer höherentwickelten Art führt, beantwortet uns ebenfalls die Bi

1. Mose 1,21
Und Gott schuf ... einen jeden nach seiner Art.

**Hinweis**: Versuche, Tiere unterschiedlicher Arten zu kreuzen, endeten damit, dass die Kreuzungen unfruchtbar waren. Gott hat Grenzen bestimmt, die wir Menschen nicht übergehen können.

Nehmen wir unsere Erde:
Unser blauer Planet weist einige erstaunliche Dinge auf,

die einen daran zweifeln lassen, ob unser Sonnensystem tatsächlich nur durch Zufall entstanden sein kann.

Die Erde erstaunt durch ein Zusammenspiel von physikalischen, chemischen und astronomischen Vorgängen, die alle so wunderbar zusammenwirken, dass sie das Leben auf unserem Planeten überhaupt erst möglich machen. So ist z.B. die Schwerkraft gerade groß genug, um die Moleküle des Wassers und die Atmosphärengase Stickstoff und Sauerstoff festzuhalten. So ist auch die Zusammensetzung unserer Atemluft von Wichtigkeit. Der Kohlendioxidanteil beträgt 0,03 % in der Luft. Wären es nur 0,015%, würde die Jahresmitteltemperatur um 4°C absinken.
Der Sauerstoffgehalt beträgt exakt 20,95%.
Wäre da etwas mehr nicht besser? Jeder „Verbrennungsvorgang", auch der in unserem Körper, würde viel zu schnell ablaufen.

Der Flugbahndurchmesser der Erde, gesehen zur Sonne, beträgt 299,2 Millionen Kilometer. Wäre die Bahn enger, etwa nur 250 Mio. km, wäre Leben auf der Erde nicht mehr möglich. Es wäre zu heiß und die abgeschmolzenen Polkappen würden vieles unter Wasser begraben. Der Wasserdampf in der Atmosphäre wäre zu hoch, die Erde würde zum Treibhaus werden. Nehmen wir an, die Flugbahn würde 350 Mio. km betragen, so würden sich die Polkappen ausbreiten und noch mehr Sonnenlicht würde ungenutzt in den Weltraum reflektiert werden. Die Folge: Die Erde würde vereisen.

Auch die Geschwindigkeit der Erde, mit der sie

die Sonne umkreist, ist nicht unwichtig. Sie beträgt 29,8 km/s. Wären wir zu schnell, würden wir samt der Erde in den Weltraum hinausfliegen. Zu langsam, und die Sonne würde uns rasch in sich hineinziehen. Die Erde umkreist die Sonne in einem nahezu gleichen Abstand, wodurch an der Oberfläche eine Durchschnittstemperatur von 15°C erreicht wird. Nach biologischen und biochemischen Erkenntnissen i st der Bereich von 0°C bis 40°C gerade die enge Spange, die für die Erhaltung des Lebens optimal ist.

Sogar der Mond ist für uns von lebenswichtiger Bedeutung. Aus Computer-Simulationen geht hervor, dass eine Reihe von Planeten im Laufe ihres Lebens wohl mehrere Male ihre Rotationsachse geändert haben oder dass sie stark schwanken. Warum nicht auch die Erde? Die Erde schwankt lediglich um ihre um 23,3 Grad zur Ekliptik ausgerichtete Achse um 1,3 Grad. Die verblüffende Antwort lautet: Der Mond hat unseren Planeten stabilisiert. Ohne unseren Trabanten hätte auch die Erdachse chaotisch getorkelt. Wie wir gesehen haben, können aber kleinste Veränderungen der Erdausrichtung Leben hier unmöglich machen.

Dazu ein paar Kommentare bekannter Persönlichkeiten: "Wo vorher intellektuelle Suche war, regt sich plötzlich ein tiefes Gefühl in mir, etwas sei ganz anders geworden ... Der Kosmos, der nicht nur erahnen lässt, sondern die Gewissheit vermittelt, dass im Strom von Energie, Zeit und Raum im Weltall etwas Zweckvolles liegt, dass dies menschliche Verstehen übersteigt und dass

sich dem Verstehen ein nichtrationaler Weg
erschließt, der mir in meiner bisherigen
Erfahrungswelt unzugänglich geblieben war.
Das Universum scheint mehr zu sein als die
zufällige, chaotische und sinnlose Bewegung
einer Ansammlung molekularer Partikel."
(Edgar Mitchell, Astronaut)

"Der geniale Künstler, der unseren Planeten farbig
gestaltet hat, hat sich ungewöhnlich reiner
Farben aus einer phantastischen Vielfalt seiner
Palette bedient."
(Oleg Makarow, Kosmonaut )

"Das Universum beginnt, eher einem großen
Gedanken zu gleichen als einer großen Maschine."
(Sir James Jeans, Physiker)
Und wie schaut das mit der Evolution physikalisch
gesehen aus?
Der 2. Hauptsatz der Thermodynamik lautet:
"Alle Naturvorgänge verlaufen so, dass die gesamte
Entropie aller daran beteiligten Körper immer mehr
zunimmt."

Die Erweiterung lautet: "Entropie ist eine Zustands-,
aber keine Erhaltungsgröße: In einem
abgeschlossenen System kann Entropie erzeugt,
aber nicht vernichtet werden."

Der 2. Hauptsatz ist ein universell geltendes
Grundprinzip. Für physikalische Versuche
und technische Apparate gilt, dass sie nur funktionieren,
wenn ein Energiegefälle vorhanden ist.

Ein Beispiel verdeutlicht dies:

Wir haben eine Wanne mit einer Trennscheibe dazwischen. Auf der einen Seite befindet sich Wasser mit 60°C und auf der anderen Seite mit 40°C. Wenn nun die Trennscheibe entfernt wird, was wird passieren? Wird dann auf der einen Seite plötzlich Wasser mit 80°C und auf der anderen Seite Wasser mit nur 20°C sein? Nein, das Temperaturgefälle wird sich ausgleichen, d.h. die Entropie, die Unordnung, wird zunehmen. Können sich nun aus einer Wanne mit 50°C warmem Wasser zwei Bereiche bilden, der eine mit 70°C und der andere mit 30°C warmen Wasser? Auch hier wissen wir, dass dies bei selbstablaufenden Prozessen nicht geschehen wird, da kein Energiegefälle vorhanden ist.

Wie soll dann bei der Evolution, einem selbstablaufenden Prozess, etwas entstehen, das dem 2. Hauptsatz der Thermodynamik widerspricht, da in diesem Fall Entropie vernichtet wird oder anders formuliert, die Unordnung in Richtung Ordnung verändert wird?

Kein Mensch kann sich vorstellen, dass auf einer Sanddüne durch Windeinwirkung plötzlich eine Sandburg entsteht. Das Gegenteil ist der Fall. Wenn es eine Sandburg gab, so wurde diese durch Windeinwirkung dem Erdboden gleich gemacht. Bei der Evolution gehen wir aber gerade vom Gegenteil aus.

Nun schauen wir uns mit Ulli Scherhaufer die

Geschichte in der Anatomie an, nämlich beim Auge, da dieses sehr komplex aufgebaut ist und die frage nach dem Zufall eigentlich beantworten kann.:

Viele Organe unseres Körpers sind sehr komplex aufgebaut und werfen wichtige Fragen auf, wenn es darum geht, dass sie durch Zufall entstanden sein sollen.

Das menschliche Auge enthält 120 Millionen Stäbchen und 6 Millionen Zapfen, die Licht in chemische Impulse verwandeln. Eine Milliarde solcher Impulse erreichen jede Sekunde das Gehirn. Am Sehvorgang, besser gesagt am Auge, sind beteiligt:

- die vordere und hintere Augenkammer
- die Linse
- die Ziliarkörper mit den Ziliarmuskeln
- die Regenbogenhaut mit Pupille
- die Hornhaut
- der Schlemmkanal.

Im hinteren Teil des Augapfels finden wir:

- die Lederhaut
- die Aderhaut
- die Netzhaut
- den Blinden und den Gelben Fleck

Das Zusammenspiel dieser Faktoren ist äußerst komplex und es kann hier zu vielfältigen Störungen kommen. Als Beispiel kann hier der Grüne Star genannt werden, bei dem es zu einer Erhöhung des

Augeninnendrucks kommt. Die Folge ist Erblindung.
Sind die Ziliarmuskeln zu kurz, zu lang oder zu schlaff,
dann ist die Folge eine Fehlsichtigkeit, usw.

Dem Darwinisten stellt sich die entscheidende Frage,
wie sich so viel äußerst komplexe, vollkommen
aufeinander abgestimmte Komponenten unabhängig
voneinander entwickelt haben könnten, wo doch das
Fehlfunktionieren auch nur einer Komponente das
Ganze zu Fall bringen würde.

Francis Hitching, ein Wissenschaftler, stellt zum
Beispiel fest, dass selbst die kleinste Panne getrübte
Hornhaut, fehlende Erweiterung der Pupille,
Undurchsichtigkeit der Linse, falsche Einstellung,
falscher Augeninnendruck, Fehler bei der
Impulsübertragung ans Gehirn die Entstehung
eines erkennbaren Bildes verhindern muss.
Das Auge funktioniert entweder als Ganzes oder
gar nicht.

Was sagte Darwin zum Auge:
"Bis heute lässt mich das Auge zittern"
Februar 1860

Wie soll es sich durch allmähliche, stetige,
verschwindend geringe Darwin'sche Veränderungen
entwickelt haben? Man braucht schon einen enormen
Glauben, wenn man daran glaubt, dass Tausende und
Abertausende winzige, zufällige, voneinander
unabhängige Veränderungen mit dem Ergebnis
stattfanden, dass sich Linse und Netzhaut, die
nur gemeinsam funktionieren, synchron entwickelten.

Wie sollte ein blindes Auge zum Überleben beitragen?
Kein Wunder, dass es Darwin keine
Ruhe ließ.

**Weitere Zitate**:

"Die Annahme, dass das Auge mit all seinen
unnachahmlichen Einrichtungen ... durch die
natürliche Zuchtwahl entstanden sei, erscheint,
wie ich offen bekenne, im höchsten Grade als absurd."
(Die Entstehung der Arten, Reclam S. 245).

"Vergleicht man den Menschen selbst mit dem
scharfsichtigsten Menschenaffen, dem Schimpansen,
ist das Auflösungsvermögen unseres Auges ungleich
höher. ... Die Fähigkeiten des Primatenauges,
Einzelheiten des Gesichtsfeldes zu unterscheiden,
lässt sich auf einfach Weise messen und ist mit der
Sehschärfe des menschlichen Auges nicht zu vergleichen."
(The Origins of Knowledge and Imagination,
1978, S. 12-13).

Nachdem er sich mit der Unwahrscheinlichkeit einer
evolutionären Entwicklung solcher Organe befasst hatte,
schrieb der Physiker H.S. Lipson: "Wir müssen einen
Schritt weitergehen und zugeben, dass die einzige
Alternative eine Schöpfung ist. Ich weiß, dieser
Gedanke ist Physikern zuwider, wie er auch mir
zuwider ist. Doch wir dürfen eine unliebsame Theorie
nicht ablehnen, für die alle Indizien sprechen."
(Physics Bulletin, 1980, Bd. 30, S. 140).

Zum Ende des Kapitels schauen wir uns noch einige

Zitate bekannter und anerkannter Wissenschaftler An, welche ebenfalls von Ulli Scherhaufer zusammengetragen wurden:

Albert Einstein, Physiker (1879-1955):
"Jedem tiefen Naturforscher muss eine Art religiösen Gefühls nahe liegen, weil er sich nicht vorstellen mag, dass die ungemein feinen Zusammenhänge, die er erschaut von ihm zum ersten Mal gedacht werden. Im unbegreiflichen Weltall offenbart sich eine grenzenlos überlegene Vernunft. Die gängige Vorstellung, ich sei ein Atheist, beruht auf einem großen Irrtum. Wer sie aus meinen wissenschaftlichen Theorien herausliest, hat sie kaum begriffen ..."

Werner Heisenberg, Physiker (1901-1976):
"Der erste Trunk aus dem Becher der Naturwissenschaft macht atheistisch; aber auf dem Grund des Bechers wartet Gott."

Gottfried Wilhelm Leibnitz, Mathematiker (1646-1716):
"Indem Gott rechnet und seine Gedanken ausführt, entsteht die Welt ..."

Johannes Kepler, Mathematiker und Astronom (1571-1630):
"Astronomie treiben heißt, die Gedanken Gottes nachlesen!"

Nikolaus Kopernikus, Mathematiker und Astronom (1473-1543):
"Wer sollte nicht durch die stete Beobachtung und

den sinnenden Umgang mit der von der göttlichen
Weisheit geleiteten herrlichen Ordnung des
Weltgebäudes zur Bewunderung des allwirkenden
Baumeisters geführt werden!"

Issak Newton, Mathematiker und Astronom
(1643-1727):
"Die wunderbare Einrichtung und Harmonie des
Weltalls kann nur nach dem Plane eines allwissenden
und allmächtigen Wesen zustande gekommen sein.
Das ist und bleibt meine letzte und höchste Erkenntnis."

Karl Friedrich Gauß, Mathematiker, Physiker und
Astronom (1777-1855):
"Wenn unsere letzte Stunde schlägt, wird es uns
eine unsagbar große Freude sein, den zu sehen,
den wir in unserem Schaffen nur ahnen konnten."

Max Planck, Physiker (1858-1947):
"Und so sage ich Ihnen nach meinen Erforschungen
des Atoms dieses: Es gibt keine Materie an sich!
Alle Materie entsteht und besteht nur durch eine
Kraft, welche die Atomteilchen in Schwingung bringt
und sie zum winzigsten Sonnensystem des Atoms
zusammenhält. Da es im ganzen Weltall aber weder
eine intelligente noch eine ewige Kraft gibt, so müssen
wir hinter dieser Kraft einen bewussten intelligenten
Geist annehmen. Dieser Geist ist der Urgrund aller
Materie. Nicht die sichtbare aber vergängliche Materie
ist das Reale, Wahre, Wirkliche, sondern der
unsichtbare unsterbliche Geist ist das Wahre! Da
es aber Geist an sich allein ebenfalls nicht geben
kann, sondern jeder Geist einem Wesen zugehört,

so müssen wir zwingend Geistwesen annehmen. Da aber auch Geistwesen nicht aus sich selber sein können, sondern geschaffen worden sein müssen, so scheue ich mich nicht, diesen geheimnisvollen Schöpfer ebenso zu benennen, wie ihn alle alten Kulturvölker der Erde früherer Jahrtausende genannt haben: GOTT !"

Und jetzt schauen wir noch im Johannesevangelium nach, gleich das erste Kapitel, Vers 1 – 5.

**1** Im Anfang war das Wort[1], und das Wort war bei Gott, und das Wort war Gott. **2** Dieses war im Anfang bei Gott. **3** Alles ist durch dasselbe entstanden; und ohne dasselbe ist auch nicht eines entstanden, was entstanden ist.[2] **4** In ihm war das Leben[3], und das Leben war das Licht der Menschen. **5** Und das Licht leuchtet in der Finsternis, und die Finsternis hat es nicht begriffen.

Das finde ich eine knallharte Aussage, die vieles erklärt und mit denen, die nicht Glauben  ganz hart ins Gericht geht.

Zum einen sehen wir wieder alles bestätigt, wir reden von Gott, einer Macht die sich alleine in einem Stadium aus reiner Energie befindet.

Und die Finsternis hat es nicht begriffen! Eine Ansage an alle Gottesleugner und Atheisten. Wie einsam und leer muss wohl eine Welt ohne Gott sein und wieder ganz wertfrei:
Egal welcher Konfession, egal welcher Glaube,

wichtig ist nur, dass man glaubt.

Dass ich nun eine buddhistische Weltanschauung habe, welche stark christlich eingefärbt ist, das ist alleine mein persönlicher Glaube, hinter dem ich auch stehe, ich betrachte ihn aber nicht als verbindlich.

Jeder Mensch muss dabei seinen Weg zu Gott finden. Die Institutionen sind dabei meist mehr hinderlich, als sie nützen, denn jede Religion hält sich nun mal für die alleine  heilbringende Wahrheit und dies entspricht sicher nicht dem, was ich glaube.

Die christliche Einfärbung bezieht sich dabei bei mir in erster Linie auf die von Jesus geforderte Liebe, denn sie erst macht diesen Planeten lebens- und liebenswert.
Es ist sozusagen ein Auftrag, denn eines ist für mich sicher, Gott liebt die Menschen, auch wenn wir das in unserer Kurzsichtigkeit nicht immer sehen und manchmal auch nur sehr schwer verstehen.

# The man from earth

The man from earth ist ein Film, nicht irgend ein Film, sondern ein ganz Besonderer. Das Schönste an ihm ist, er gibt Antwort auf viele Fragen, die wir auch in diesem Buch zu klären versuchen-

Es ist in Film von:
Jerome Bixby's und Richard Schenkmann

Jetzt fragen Sie sich zu Recht, was hat eine Filmbesprechung bei der ultimativen Antwort zu suchen, zumal der Film auch noch aus dem Jahr 2007 stammt.

Ich sage Ihnen, sehr viel. Es ist wahrscheinlich einer der besten und anspruchsvollsten Filme, die je auf diesem Planeten gedreht wurden und erstaunlicherweise teilen sich die Kategorien der Bewertungen und Kritiken genau in zwei entgegengesetzte Lager.
Von absolut herausragend, alle Sterne auf der einen Seite, der schlechteste Film auf der Anderen. Dazwischen gibt es fast nichts.

Dies hängt nun in erster Linie damit zusammen, dass dieser Film einen gewissen intellektuellen Anspruch hat. Jeder der den Film verstanden hat, ist absolut begeistert. Wer diesen Anspruch nicht erfüllt, oder ein religiöser Eiferer ist, so wie Edith in dem Film, dann wird er ihn nicht verstehen.

Es ist ein Low Budget Film, er hat nur 200.000.- $ gekostet, für amerikanische Filmverhältnisse eine fast lächerliche Summe.

Hier eine kurze Zusammenfassung von einem Kritiker:
Professor John Oldman (David Lee Smith) räumt nach zehn Jahren angesehener Lehr- und Forschungstätigkeit seinen Posten. Freunde und Kollegen treffen sich bei ihm, um dem geschätzten Weggefährten Lebewohl zu sagen. Der versammelte Kreis ist illustrer: Er besteht aus dem Biologen Harry (John Billingslay) der Theologin Edith (Ellen Crawford), dem Anthropologen Dan (Tony Todd) der Historikerin Sandy (Annika Peterson) dem Archäologen Art (William Katt) der Studentin Linda  (Alexis Thorpe) und dem Psychiater Dr. Will Gruber (Richard Riehle). Sie alle wollen wissen, warum John seine Stellung aufgibt. Der weicht erst aus, erzählt dann aber doch seine Geschichte. Angeblich lebt er schon seit 14.000 Jahren auf der Erde und wechselt in zehnjährigem Abstand seinen Wohnort, damit niemand den ausbleibenden Alterungsprozess bemerkt. Johns Freunde reagieren mit einer Mischung aus Skepsis und Freude an der intellektueller Diskussion, in deren Verlauf John dazu animiert wird, mehr und mehr verblüffende Details seines außergewöhnlichen Lebenslaufs zu offenbaren...
(Tobias Mayer in Kritik der Filmstarts.de)

An dieser Stelle muss ich die Kritik von Herrn Mayer dann leider abbrechen, denn auch er, als anerkannter Kritiker, hat den Film nicht verstanden, was soll's, mach eben ich weiter.

John Oldman, sein Name ist bereits Synonym und Programm, stellt bereits ziemlich zu Beginn eine sehr provozierende Frage:

"Angenommen ein Mensch aus der Altsteinzeit hätte bis heute überlebt..."
"Überlebt? Sie meinen er wäre nie gestorben?"
"Ja, was wäre er für ein Mensch?"

Jetzt beginnt eine recht angeregte Diskussion, die zunächst auch noch sehr theoretisch ist, bis John Oldman mit einer sehr provokanten Bemerkung kommt:

„Ich hätte mit Kolumbus mitfahren können ,"
so, jetzt ist die Katze aus dem Sack und das Streitgespräch wird hitziger. Die Kollegen reagieren zuerst mit Unglauben, versuchen ihn zu widerlegen, was aber nicht gelingen kann, da es sich um eine illustre Gesellschaft von Gelehrten handelt und jedes Wissen aus den längst vergangenen Epochen steht wiederum in irgendwelchen Büchern, so dass die Diskussion eigentlich zu keinem Ergebnis kommen kann..

Man stellt fest, dass ein Mensch aus der Chrom Magnon Zeit, also 14.000 Jahre alt, nicht mehr wissen kann, als der Wissensstand heute ist, sein Wissen wäre nur umfassender aber zukünftiges Wissen besitzt auch er noch nicht.

Dann fällt wieder so ein markanter Satz, diesmal von Harry, dem Biologen:

„Die Magie einer Epoche ist die Wissenschaft einer Anderen. Man hielt Columbus für einen Spinner, oder auch Pasteur, Kopernikus".

„Oder lange zuvor Arestarchios", unterbricht ihn John.

Und genau betrachtet, steckt unheimlich viel Wahrheit in diesem Satz. Was für die eine Kultur noch Zauberei war, galt in der nächsten schon als Wissenschaft. Denken sie nur an Galileo Galilei, der als erster erkannte, dass die Erde rund sein müsse. Die Kirche zwang ihn dazu, dies zu widerrufen (abzuschwören) und man schreibt ihm den nachfolgend bekannten Satz zu:
„Und sie dreht sich doch!"
Vierhundert Jahre brauchte die Kirche, um Galileo Galilei vollends zu rehabilitieren, schon eine traurige Bilanz.

Dann kommt die Runde zum ersten mal auf das Thema Religion zu sprechen und John erklärt es aus der Sicht des Steinzeitmenschen und genau so stelle ich mir die Menschen damals vor, einfach sensationell:

„Wir blickten zum Himmel und wunderten uns, es musste da oben Mächtige geben, wer sollte das sonst alles geschaffen haben!"

Und etwas später:

„Ein großes Geheimnis, es mussten da oben Götter sein, die Schamanen klärten uns darüber auf."

Das ist so packend geschildert und genau so muss es gewesen sein. John Oldman erzählt die Geschichte eines Höhlenmalers, der die Bilder der Tiere an die Wand malte, die man jagen wollte, als eine Art religiöses Ritual. Und als dann einmal der Jagderfolg ausblieb, hat man ihm einfach die Zähne ausgeschlagen, so dass er künftig gefüttert werden musste. Grausame Zeiten, aber der Höhlenmaler hatte versagt.

Jetzt kommt eine zentrale Aussage des Films, John Oldman lernt Buddha kennen, das war mehr als 500 Jahre vor Christus:

„Dann zog ich weiter, bis nach Indien.
Ich hatte Glück, denn Buddha lebte noch, der ungewöhnlichste Mann, den ich jemals sah, er lehrte mich Dinge, die ich für unmöglich hielt"

Das wird später noch eine wichtige Rolle in der Geschichte spielen. Zuerst kommt aber noch eine fast sagenhafte Interpretation der Zeit, vom Anthropologen Dan, die man einfach nicht besser formulieren kann:

„Man kann sie nicht sehen, nicht hören, nicht wiegen  und nicht in einem Labor messen, sie ist unser subjektives Gefühl von Veränderung, von dem, was wir vor einer Nanosekunde waren bis hin zu dem, was wir in der nächsten Nanosekunde sind. Die Rookie betrachteten die Zeit als eine Landschaft, die vor und hinter uns liegt und wir bewegen uns in einem schmalen Ausschnitt hindurch, Stück für Stück."

Besser kann man unsere Zeit nicht erklären und es ist auch ganz klar, dass die Zeit der dritten Dimension gemeint ist, was bei der Definition durch die Rookie (bin leider nicht darauf gekommen, wer die Rookie sind, sie stehen nirgendwo, in keiner Enzyklopädie, nicht im Internet, die einzig auffindbare Definition steht für Neulinge, die hier nicht gemeint sein können) noch klarer wird. Wir sehen nur den kleinen Ausschnitt der Landschaft, das winzige Fenster und in der vierten Dimension haben wir dann den kompletten Zugriff, weil die Zeit wie ein offenes Buch vor uns liegt und wir jederzeit zu jedem Punkt auf dieser Zeit zugreifen können..

Dan konkretisiert auch noch einmal sehr genau, dass er eine ganz bestimmte Art von Zeit meint, denn er definiert:

„Die objektive Bezugsgröße für jede Uhr, ist immer eine andere Uhr."

So einfach kann man die Relativität der Zeit beschreiben, in der vierten Dimension, brauchen wir keine Uhr mehr.

Zwischendurch fallen dann auch ein paar humorvolle Äußerungen zu Gott, wie etwa die des Biologen Harry:

„Wäre die Welt mein Werk, würde ich mich auch verstecken!"

Langsam steuert die Geschichte dem Höhepunkt zu und John wird von Dan gefragt, ob er jemals eine bekannte Person aus der biblischen Geschichte getroffen habe.
Er bejaht, will aber das Thema abbrechen. Er wird bedrängt weiterzumachen, die Kolleggen wollen aber die Diskussion fortführen, denn sie haben selbst Gefallen daran gefunden, diesen Faden weiterzuspinnen.

John beteuert, dass es nun in eine Richtung gehe, die er eigentlich  vermeiden wollte, aber seine Freunde lassen nicht locker.

Art fordert richtig aggressiv:
„Raus damit, sie spielten eine Rolle in der biblischen Geschichte!"

John bejaht nochmals die Frage und Harry hakt nach:
„Jemand Bekanntes?"
Und Edith die Theologin antwortet:
„Wer in der Bibel wäre nicht bekannt!"

John Oldman erklärt:

„Die Meisten sagen bekannt, aber das Meiste ist Mythologie!"

Die Studentin Linda tippt zuerst auf Moses, bekommt dann aber erklärt, dass er auch nur ein assyrischer Mythos ist. Dann tippt sie
„Einer der Apostel?"

Und John Oldman erklärt:
„Eigentlich waren sie gar keine Apostel, sie haben im Grunde nicht gepredigt............. Der mythologische Überbau ist so gewaltig, die Wahrheit aber ist ganz, ganz einfach!
Wollen Sie das neue Testament in hundert Worten hören, ist möglich!"

Die Theologin Edith ist entsetzt, will gehen, denn sie hält dies nun für einen Sakrileg, ein neues, Neues Testament aber die Kollegen drängen zum bleiben, es gibt ja auch so schon viele Versionen der Bibel, da kommt es auf eine mehr auch nicht an. Dan, der dunkelhäutige Anthropologe drückt das folgendermaßen aus:

„Man kennt dutzende Fassungen des neuen Testaments, auf hebräisch, griechisch, lateinisch bis hin zu Tim Dale oder St. James und alle behaupten, im Besitz der Wahrheit zu sein.

Harry steuert dazu bei, dass er eine Kurzfassung der zehn Gebote kenne, nämlich zehn mal hintereinander Nein.

Nachdem Edith sich wieder hingesetzt hat, fordert Harry John auf, nun seine Kurzfassung darzulegen und John beginnt:

„Ein Mann trifft Buddha und ist begeistert von seinen Lehren und fünfhundert Jahre später erreicht er das Mittelmeer. Er wird Etrusker und lebt später im römischen Reich, es ist pervertiert zu einer gigantischen Tötungsmaschine. Er geht in den nahen Osten und versucht die Lehren Buddhas in einer moderneren Form weiterzugeben, ein Dissident gegen Rom, Rom siegt, der Rest ist Geschichte, allerdings von vielen Märchen umrankt."

Edith wird ganz blass und stammelt:
„Ich wusste es, er sagt er ist Christus!"

Dan fragt nach der Kreuzigung und John fährt fort:

„Er vergaß den Schmerz, so wie er es in Indien und Tibet gelernt hatte. Er hatte auch gelernt, seine Vitalfunktionen so weit zu unterdrücken, dass sie nicht mehr kontrollierbar waren, sie hielten ihn für tot.
Seine Anhänger nahmen ihn vom Kreuz und legten ihn in`s Grab, die Vitalfunktionen normalisierten sich, er wollte flüchten, aber er hatte kein Glück, ein paar von seinen Jüngern hielten nämlich Wache. Er wollte sie beruhigen, aber sie drehten durch. So war das mit der Auferstehung.
Die Dinge eskalierten und so verschwand ich nach Mitteleuropa!"

Ich finde diese Darstellung bemerkenswert, denn so könnte es tatsächlich gewesen sein. An das Kreuz genagelt wurde Jesus nicht und das sagt John auch, das macht sich einfach auf Bildern besser. In Wirklichkeit wurden damals die Delinquenten an das Kreuz gebunden.

Es folgt nun eine Diskussion über die Figur von Christus, dass sie auf Krishna und Herakles zurückgeht und dass alle biblischen Geschichten einen mythologischen Unterbau haben. Aber am Ende kommt wieder ein bemerkenswerter Satz von Dan:

„Philosophisch betrachtet, sind die Lehren Jesu ein Buddhismus, übersetzt ins Herbräische. Hilfsbereitschaft, Toleranz, Nächstenliebe, Demut und schonungsloser Realismus den Fakten des Lebens gegenüber. Gott ist mitten unter uns, das bedeutet, die Überwindung des Werdens und Vergehens. Das ist der Inhalt der Lehre Buddhas, das ist der wahre Buddhismus."

Und John fügt an:
„Und genau das habe ich gelehrt! Eine Schlange verführte eine Frau zum Biss in einen Apfel und das war's. Plötzlich gab es Himmel und Hölle, die Kirche reagierte mit Verheißung oder Drohung, angeblich, um unsere Seelen zu retten, die wir nie verloren hatten.
Ich machte ein faires Angebot, aber Niemand wollte etwas davon wissen."

Edith ist entsetzt und stöhnt:
„Das ist Blasphemie, sie ist schließlich als
Theologin auch überzeugte Christin.

Und dann kommt wieder so ein absolut toller und
markanter Satz von Dan:

„Buddha und Jesus wären zweifellos entsetzt, was
in ihrem Namen alles geschieht."

Und John zitiert mit Kritik die Riten der Kirche,
worauf Edith entnervt zugibt:
„Das ist der Hokus Pokus des Vatikans, das hat
doch mit Gott nichts zu tun!"

Und wieder so ein toller Satz von Dan, dem
schwarzen Anthropologen:
„Wie sie schon sagten John:
Es gibt zu viele Religionen, lebensbejahend die
Einen, die Freude als Sünde verdammend die
Anderen!
Rom inszeniert eine große Oper, der wahre Weg
zum Guten führt in's Übernatürliche." er muss von
Innen kommen.

Später fragt Will, der Psychologe:
„Und was hat Jesus den hier Anwesenden zu
sagen, die nicht so recht an ihn glauben mögen?"
„Glaubt an das, was er euch zu lehren versuchte,
ohne Vorbehalte. Frömmigkeit wird den Menschen
nicht durch Worte vermittelt, sie muss von innen
kommen!"

Nach einer längeren Diskussion unter den
Gelehrten erklärt John:
„Wussten Sie, dass Voltaire der erste war, der
annahm, das Universum sei im Ursprung einer
gewaltigen Explosion und Goethe hielt als erster die
Spiralnebel, die im All existieren, für rotierende
Sternhaufen, heute nennen wir sie Galaxien.
Es ist schon sonderbar, dass neue
wissenschaftliche Theorien ihren ersten Ausdruck in
der Kunst fanden."

Dan erklärt dann noch:
„Das alte Testament verkauft Schuld und Furcht,
das Neue zeigt einen Verhaltenscodex auf, aber die
Botschaft kam nie an."

Und zum Schluss gipfelt er in der Vorstellung:
„Nachdenken ist nicht hilfreich!"

Aus welchem Grund zitiere ich nun ellenlang diesen
Film. Es ist eigentlich ganz einfach.

Natürlich glaube ich nicht daran, dass es Menschen
gibt, die bereits 14.000 Jahre alt sind, die Figur des
John Oldman ist nur ein Transmitter. Aber es ist
doch faszinierend, zu erkennen, wie nahe das
Christentum und der Buddhismus beieinander
liegen, obwohl die buddhistische Lehre
nachweislich mehr als 500 Jahre älter als das
Christentum ist. Und vor dem Buddhismus war
schon lange der Hinduismus.

Es erscheint also nicht vollkommen unmöglich, dass der biblische Jesus die Lehre Buddhas gekannt hatte und bis zum Konzil von Nicäa war auch in der Kirche der Glaube an die Wiedergeburt noch ganz alltägliche Glaubenspraxis.

Die Glaubensgrundsätze, so weit sie nicht Gott selbst betreffen, sind zumindest fast identisch, wie es Dan in dem Film ja auch sehr klar formuliert.

Es beruhigend zu wissen, dass bereits die Höhlenmenschen der Chrom Magnon Zeit an einen Gott glaubten, was die zahlreichen Höhlenmalereien ausdrücklich belegen.

Es ist auch ganz interessant zu wissen, dass die meisten Gottesleugner, auch Atheisten genannt, aus der Kunst- oder Philosophiescene kommen. Je fundierter eine wissenschaftliche Ausbildung ist oder auch eine wissenschaftliche Tätigkeit, um so gläubiger werden die Menschen.

Schauen Sie sich am besten den Film an und bilden Sie sich ihre eigene Meinung, aber ich glaube, dass er unserem Thema nur zuträglich ist.

# Schön, dass es uns gibt

Eigentlich sind wir durch das Thema schon durch. Es sollte nun wirklich Jedem und Jeden klar sein, dass es eine höhere Macht gibt, die uns und unser Leben permanent beeinflusst.

Ich finde das auch eine sehr beruhigende Feststellung, zu wissen, dass ich nicht alleine gelassen werde. Da ist wer, der hat mir die riesige, große Chance gegeben, hier, auf einer paradiesischen Oase, inmitten des weiten und unwirtlichen Universums ein Leben zu führen, welches mir die Möglichkeit eröffnet, nach dem irdischen Tod in eine höhere Sphäre aufzusteigen.

Manchmal und das Gefühl kennt Jeder, fühlt man sich alleine gelassen. Das ist dann, wenn man eine gewisse Leere in sich spürt, sich urplötzlich und unvorbereitet Existenzängste einstellen. In diesen Momenten fühlen wir eine unbestimmte Bangigkeit, wir wissen nicht so genau was und warum und vor allem wie es weitergehen soll. Eine fatale Machtlosigkeit, die uns unsere wirkliche Ohnmacht vor den gigantischen Mächten der vierten Dimension verspüren lässt.

Und doch findet sich immer ein Weg und je mehr wir dabei auf unsere innere Stimme hören, um so richtiger ist dieser Weg, umso leichter ist er zu gehen und diese innere Stimme ist ER der uns leitet und uns immer und immer wieder den richtigen Weg zeigt.

Das klingt jetzt vielleicht etwas gestelzt, aber dieses kleine Buch soll überkonfessionell sein. Für mich sind alle gläubigen Menschen auf dem richtigen Weg, denn sie haben Gott nicht nur erkannt, sondern auch anerkannt und so kann er eine ganz wichtige, zentrale Rolle in ihrem irdischen Leben spielen.

Wie sehr ist doch der Atheist zu bedauern, der, welcher Gott leugnet und stattdessen an abertrillionen Zufälle glaubt.

Es ist ganz einfach erklärt:

Derjenige, der eine höhere Macht neben sich weiß, lebt immer mit dem beruhigenden Gefühl, da ist wer, der mich versteht und der mir hilft. Selbst in meinem irdischen Ableben bin ich nicht alleine, denn hier ist wer, der uns aufnimmt und unsere Existenz in einer anderen Art weiterführt.

Auch der Buddhist braucht keine Angst zu haben, denn auch er kommt wieder, solange, bis er den Zustand der absoluten Vollkommenheit erreicht hat und dann ist man sowieso auf der höchsten Stufe des Seins, einer reinen, energetischen Existenz. Ach ja, da war sie ja schon wieder, die reine Energie.

Und der Atheist?

Mit meinem bayerischen Wurzeln musste ich nun sagen: „Die arme Sau!" Oder auf hochdeutsch, das arme Schwein.

Da ist Niemand der hilft, es erwartet Dich Niemand es ist alles Aus.

Mal eine ganz blöde Frage: „Warum leben wir denn dann überhaupt?"

Stellen Sie sich einfach einmal ein Ehepaar vor, das Jahrzehnte verheiratet ist und plötzlich stirbt ein Partner. Und Du kommst von der Beerdigung nach Hause und es wartet Niemand auf Dich.

Das ist absolut trostlos und viele gehen daran kaputt und folgen ihrem Partner innerhalb kürzester Zeit.

Als Beispiele mögen da gelten, Peter Alexander, der nach dem Tod seiner geliebten Frau ebenfalls nicht mehr wollte, oder Johnny Cash, der nach dem Tod seiner geliebten Frau June Carter an gebrochenem Herzen starb.

Und der Atheist hat dieses Gefühl immer, sein ganzes gottloses Leben erwartet ihn Niemand. Es ist nicht weiter verwunderlich, dass gerade bei den Gottlosen die Selbstmordrate ziemlich hoch ist.

Wer hat denn schon Lust darauf, ein komplett völlig sinnloses Leben, das durch Zufälle generiert wurde zu leben. Man lebt für Nichts, Nichts ergibt einen vernünftigen Sinn, das ist ein absolut trostloses Unterfangen und endet in einem stetigen

Katzenjammer.

Alleine die Vorstellung, da wurden abertrillionen von Zufällen generiert, nur das es hinterher keinen Sinn ergibt, dass einfach alles aus und vorbei ist, dass einfach Nichts übrig bleibt.

Ich habe einmal einen ganz tollen Ausspruch gehört, nur weiß ich leider nicht mehr von wem, aber er verbirgt einen richtig tiefen Sinn, der eigentlich alles erklärt:

Wenn ich fest glaube und ein diesem Glauben entsprechendes Leben führe und es gibt keinen Gott, so habe ich 50, 60, 70 oder vielleicht sogar 80 Jahre vergeudet. Gibt es aber Gott, so habe ich die Ewigkeit gewonnen.

Wenn ich aber nicht glaube, Gott leugne und ein dem entsprechendes Leben führe und es gibt Gott, so habe ich die Ewigkeit verloren und andernfalls nur maximal 50, ganze 60, 70 oder 80 Jahre gewonnen.

Ich fasse das einmal kurz zusammen:

Glaube ich an das Netzwerk von Trillionen von Zufällen, die nötig gewesen sind, das Universum, unsere Galaxie, das Sonnensystem, den Planeten Erde und das Leben auf ihr zu erschaffen, dann glaube ich an nichts. Die Belohnung dafür ist wiederum das Nichts, die ewige Vergessenheit und die Tristess, der absoluten Sinnlosigkeit dieses

Lebens. Es bleibt Nichts, es führt zu Nichts und weshalb sollte man sich zu ethischen Werten bekennen, wenn es hinterher sowieso Nichts als wieder nur Nichts gibt.

Das Belohnungsprinzip fällt dem Nichts zum Opfer, es ergibt wirklich Nichts einen Sinn! Der Einsatz den wir zu bringen haben, ist unser Leben, aber wir können nichts damit gewinnen, wir haben in jede Richtung gesehen das Spiel verloren. Wir bewegen uns wie Zombies, das ganze irdische Leben ist überschattet von tiefer Hoffnungslosigkeit und einem regelrecht schwarzen, riesigem Loch, dem Nichts. Wo bleibt da Raum für Freude oder Liebe, wenn die stets, tief nagende Angst vor dem ewigen und finsteren Nichts, die Sinne der Menschen verwirrt und verzagen lässt, denn es gibt überhaupt keine Hoffnung, denn da ist Nichts, absolut Nichts, nur Finsternis und Leere.

Ehrlich gesagt, diese Lebenseinstellung muss ein trostloser, finsterer Albtraum sein, so ein richtiges Zombiemovie. Sie ist ein Tummelplatz für herzlose Masochisten, Menschen die eitle Freude daran haben, sich selbst zu kasteien. Und in dem dass sie diese finstere Erkenntnis auch noch verbreiten, wollen sie Andere auch noch in ihre unselige Welt der Gottlosigkeit hinabziehen und ihnen das ewige Leben rauben, mit dem sie ja selbst nichts anfangen können.

Gibt es aber eine höhere Macht, so bekommt plötzlich Alles seine Ordnung. Es steckt ein Bauplan dahinter, der ist sogar für uns dreidimensionale Menschen nachvollziehbar, weil wir zumindest eine vierdimensionale Seele haben. Dann machen auch die Spielregeln einen Sinn, nach denen wir miteinander umgehen und die Belohnung heißt Ewigkeit. Wieder ist der Einsatz unser irdisches Leben, den wir zu bringen haben- Einmal unsere Zeitspanne nach den Spielregeln der ethischen Grundgesetze (im Prinzip die zehn Gebote) eingesetzt, ist der Gewinn dafür unendlich, nämlich das ewige Leben in seiner Nähe in der vierten Dimension.

So lasst uns das Leben lieben und leben und betrachten es als eine willkommene Chance, ihm zu beweisen, dass wir Menschen doch seine Gnade verdient haben.

Vom gleichen Autor sind erschienen:

**Mit uns zum perfekten Verkäufer!**

ISBN 976-3-7322-4456-0

**To be a perfect seller with us!**

ISBN: 978-3-7322-3362-5

**Willkommen Daheim!**

ISBN Nr. 978-3-7322-3464-6